Musab Al Hayani

Modelação da carga do barramento no CAN

Musab Al Hayani

Modelação da carga do barramento no CAN

ScienciaScripts

Imprint

Any brand names and product names mentioned in this book are subject to trademark, brand or patent protection and are trademarks or registered trademarks of their respective holders. The use of brand names, product names, common names, trade names, product descriptions etc. even without a particular marking in this work is in no way to be construed to mean that such names may be regarded as unrestricted in respect of trademark and brand protection legislation and could thus be used by anyone.

Cover image: www.ingimage.com

This book is a translation from the original published under ISBN 978-620-2-31733-7.

Publisher:
Sciencia Scripts
is a trademark of
Dodo Books Indian Ocean Ltd. and OmniScriptum S.R.L publishing group

120 High Road, East Finchley, London, N2 9ED, United Kingdom
Str. Armeneasca 28/1, office 1, Chisinau MD-2012, Republic of Moldova, Europe
Printed at: see last page
ISBN: 978-620-8-01666-1

Prefácio

Esta tese de mestrado intitulada foi realizada no Departamento de Investigação e Desenvolvimento/Arquitetura de Sistemas, no Centro Técnico da Scania, Sodertalje, Suécia, como resultado dos meus estudos na Universidade de Halmstad, Halmstad, Suécia,

Aproveito esta oportunidade para agradecer a várias pessoas que me apoiaram durante os dias de preparação da minha tese em Sodertalje e durante a minha pós-graduação em Halmstad,

Um agradecimento profundo e especial vai, em primeiro lugar, para Jan Lindman, o meu supervisor na Scania, pelos seus comentários intensivos, instruções, orientação, testes e acompanhamento,

Ao Prof. Tony Larsson, meu supervisor e examinador na Universidade de Halmstad, pela sua paciência e explicações ilimitadas, instruções valiosas e apoio,

A David Holmgren, o Diretor do Grupo RESA, pelas suas instruções e comentários,

Ao meu pai, à minha mãe e à minha mulher, que me deram um apoio intenso e ilimitado,

Musab Al Hayani

Sodertalje, 7 de julho de 2012

Resumo

A existência de carga e latência elevadas na rede de barramento CAN conduziria efetivamente a uma situação em que uma determinada mensagem ultrapassaria o seu prazo; esta situação perturbaria a continuidade do serviço requerido e activaria códigos de falha devido ao atraso na entrega da mensagem, o que poderia conduzir à falha do sistema.

O resultado e objetivo desta tese é investigar e formular métodos para determinar e modelar a carga do barramento e as latências, através da determinação de parâmetros como alfa e utilização de avarias, que são considerados como indicações do início de uma avaria na rede quando uma dada mensagem num conjunto de dados começa a introduzir latência ao ultrapassar o seu prazo, o que é totalmente proibido em comunicações críticas em tempo real.

O objetivo final desta tese de mestrado é desenvolver uma FERRAMENTA para calcular, modelar, determinar e visualizar o pior caso de busload, rendimento, pontos de rutura das redes e pior caso de latência nas redes de bus Scania CAN, que se baseiam no protocolo J1939.

O SCANLA (a ferramenta de análise do barramento CAN desenvolvida nesta tese) é executado como uma aplicação executável e utiliza uma interface gráfica de utilizador como *interface homem-computador* (ou seja, uma forma de os seres humanos interagirem com a ferramenta) que utiliza janelas, ícones e menus e que pode ser manipulada por um rato.

A ferramenta CAN é composta por: CAN_TOOL.fig (A Interface Homem-Ferramenta), CAN_TOOL.m, CAN_App.m, mydatabase.m, Plotting.m, BreakDown.m, ResponseTime.m, ficheiros de registo, bases de dados associadas e documentos de acompanhamento, como este relatório de tese. Espera-se que esta ferramenta seja útil, mas sem qualquer garantia.

Para obter uma descrição e instruções sobre como utilizar a ferramenta, leia atentamente o relatório.

Informe o produtor da ferramenta mencionada sobre quaisquer melhorias, alterações ou modificações que possam ser efectuadas.

Musab Al Hayani.   musab_alhidithy@yahoo.com

Orientador da tese: Jan Lindman

Título: Modelação da carga do barramento no CAN

Índice

TERMOS E DEFINIÇÕES

CAN	Controller Area Network
ECU	Electronic Control Unit
SA	Source Address
PG	Parameter Group
PGN	Parameter Group Number
COO	Coordinator to isolate buses & gateway specific messages.
BP	Busy Period
Tr	Response Time
Td	Deadline Time
Tp	Cycle Time
Node	Group of related functions allocated in one physical ECU
CANalyzer	CAN Analyzer tool for testing & visualizing real time bus response time
MATLAB	Programming Environment
OSI	Open Systems Interconnection model, which gives standard layers for communication functions.
J1939	Heavy vehicle standard for communication over CAN bus.
TTR	CAN Traffic Technical Report
Latency	Time remaining (which need to be used) to finish a message execution after its deadline
Utilization	Percentage of the achieved throughput over baud rate.
Alpha	Indication of how much useful slack time there is in the system
Breakdown Utilization	Bus breakdown point which happens when bus start to introduce latencies.
Priority in CAN Message	Importance value statically given to CAN messages.
Blocking Time	Time Delay of Message Execution due to suspension by higher priority message or due to wait for a free resource to use
OBD	On Board Diagnostic
DTC	Diagnostic Trouble Code
KWP2000	Keyword Diagnostic protocol
GUI	Graphical User Interface
SCANLA	SCANIA CAN Bus Load Analyzer (The Produced CAN Tool)

CAPÍTULO 1

INTRODUÇÃO

1.1 DECLARAÇÃO DO PROBLEMA

Dado que o desenvolvimento da indústria automóvel está a crescer rapidamente, são acrescentados mais sensores, sinais CAN e mensagens CAN às redes de barramento CAN dos veículos e, por conseguinte, são acrescentados mais módulos de controlo eletrónico (ECU) a essas redes, o que significa que são acrescentadas mais redes de barramento CAN ao veículo.

Consequentemente, será introduzida uma carga mais elevada, que deve ser calculada e verificada para determinar o seu impacto nas mensagens CAN, que pode variar entre o atraso na entrega das mensagens (latência) e a interrupção da entrega dessas mensagens.

Para compreender melhor a natureza dessas mensagens CAN na automatização, vamos supor os seguintes exemplos de mensagens CAN em tempo real, tanto rígidas como flexíveis; veja os dois exemplos seguintes:

Por **exemplo**, se um determinado barramento CAN em tempo real **rígido** tiver recebido uma carga que tenha levado algumas mensagens a ultrapassar os prazos; por outras palavras, é introduzida uma latência, como por exemplo

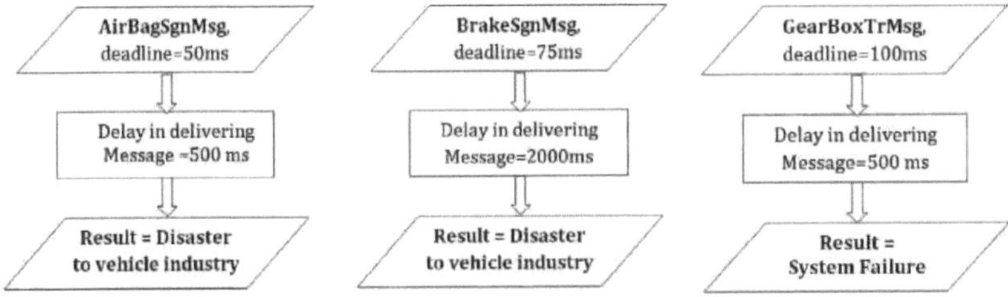

Exemplo-1 Os resultados das mensagens em tempo real com atraso

A não entrega de mensagens em tempo real pode, por vezes, ter consequências graves, como a mensagem AirBagSgnMsg sobre airbags em tempo real, no exemplo-1, que é considerada uma catástrofe para a indústria automóvel, podendo causar perdas de várias centenas de milhões de coroas e a perda de vidas humanas, ao passo que, num caso mais grave, pode levar à falha do sistema, como a mensagem GearBoxTrMsg sobre mudança de caixa de velocidades em tempo real, no exemplo-1.

Ex2, se um determinado barramento CAN em tempo real **e suave** tiver recebido uma carga que tenha levado algumas mensagens a ultrapassar os prazos; por outras palavras, são introduzidas latências, tais como

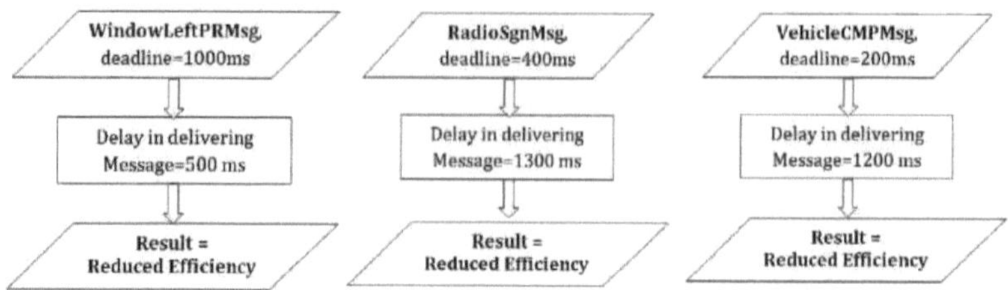

Exemplo-2 Os resultados das mensagens em tempo real com atraso

O atraso na entrega de mensagens CAN suaves em tempo real é de certa forma tolerado, mas conduz a uma redução da eficiência do sistema, mas sem consequências perigosas.

As consequências da latência nas mensagens em tempo real suaves são uma redução do desempenho, da eficiência e da capacidade de prestar um serviço de **conforto** contínuo do veículo, como na mensagem em tempo real do motor da janela esquerda WindowLeftMsgsoft do exemplo-2.

A existência de uma carga relativamente elevada no bus CAN levará as mensagens a ultrapassar os seus prazos e, por conseguinte, a introduzir latências nas mensagens.

Carga elevada do bus no CAN -> algumas mensagens ultrapassam os prazos -> Latência introduzida -> Falhas/falhas do sistema.

A latência atrasará ou deixará de entregar instruções (mensagens) para comunicações críticas em tempo real a UCE como o BMS (sistema de gestão dos travões), o que pode levar à falha do sistema.

Precisamos de ter uma implementação para uma avaliação e análise do desempenho de aplicações em tempo real e do tempo de resposta com base na descoberta de pontos de utilização de avaria. Num ponto de rutura, o sistema não cumpre as restrições de tempo exigidas. Esta é a taxa de utilização em que os prazos não são cumpridos pela primeira vez.

Uma outra consequência da latência das mensagens é a ativação do código de diagnóstico de anomalias (DTC) após um determinado atraso da mensagem, o que é inaceitável, uma vez que esses códigos devem referir-se a uma falha do sistema.

1.2 ABORDAGEM DA SOLUÇÃO DO PROBLEMA

A solução que propomos para o problema mencionado no ponto 1.1 basear-se-á nas seguintes abordagens:

1. Se conseguirmos obter uma análise do tempo de resposta do conjunto de mensagens que estão a arbitrar no barramento CAN visado, saberemos exatamente se uma mensagem específica está a introduzir latência ou não, pelo que as consequências perigosas referidas na secção 1.1, quando uma mensagem em tempo real **AirBagSgnMsg** ultrapassa os prazos, podem ser localizadas e especificadas.

2. Se conseguirmos afinar e deslocar essa análise do tempo de resposta para diferentes tempos de ciclo do mesmo conjunto de mensagens de modo a obter a análise do tempo de resposta do ponto de rutura em que a rede de barramento CAN começa pela primeira vez a introduzir latência,

ficaremos a conhecer exatamente o ponto de utilização em que uma rede CAN deve ser mantida.

3. Se pudermos modificar os atributos do conjunto de mensagens CAN imediatamente antes de efectuarmos a análise do tempo de resposta mencionada, poderemos testar quaisquer atributos e voltar a testar de forma a satisfazer as necessidades da nossa conceção, bem como manter as nossas redes CAN livres de latências, pelo que as consequências perigosas referidas na secção 1.1, quando a mensagem em tempo real **AirBagSgnMsg** ultrapassa os prazos, podem ser evitadas.

O comportamento do sistema dos nossos alvos é:

1- Para sinais e mensagens CAN em tempo real, prevenindo falhas do sistema e falhas de latência (que poderiam levar por vezes a desastres para a indústria automóvel).

2- Para sinais e mensagens CAN suaves em tempo real, evitando a redução da eficiência do sistema causada pela latência desses sinais e mensagens CAN

É importante que todas as mensagens CAN sejam entregues dentro dos prazos correspondentes para garantir a continuidade do serviço, especialmente no caso das mensagens CAN em tempo real. Por isso, decidi criar uma ferramenta capaz de analisar as redes CAN para ver a sua carga, a carga de avaria e a latência de captura, se existir.

1.3 OBJECTIVOS DA TESE E RESULTADOS ESPERADOS

Com base na solução de abordagem proposta em 1.2 e a fim de manter todas as mensagens CAN entregues dentro dos prazos correspondentes para garantir a continuidade do serviço, especialmente para as mensagens CAN em tempo real, decidi construir uma ferramenta capaz de

1- Simulação e modelação da carga do bus CAN e das latências das mensagens

2- Mostrar as latências, caso existam na rede de bus. A maior parte das redes de bus CAN normalmente carregadas introduzem latências; enquanto que as redes de bus CAN pouco carregadas estão, naturalmente, livres de latências. Algumas latências podem ser toleradas, enquanto outras não podem ser toleradas e devem ser evitadas com base no grau de criticidade do comportamento temporal dos sinais incorporados nessas mensagens CAN atrasadas).

3- Análise de uma determinada rede de barramentos para determinar o tempo de resposta de todas as mensagens testadas, o que permitirá compreender melhor o comportamento de uma rede de barramentos CAN específica durante os diferentes modos de funcionamento, paragem ou despertar.

4- Mostrar a quantidade de tempo livre útil que existe na rede

5- Testar uma determinada rede para determinar até que ponto ela pode suportar uma carga extra

A ferramenta deve ser capaz de modelar e visualizar a carga do barramento e as latências dos barramentos/mensagens CAN da Scania, utilizando múltiplas combinações de mensagens da Scania (funções do utilizador), e aplicá-las no seu pior cenário.

Precisamos de ter uma implementação de análise de aplicações em tempo real que se baseie na procura de pontos de utilização de avaria. Num ponto de rutura, o sistema não cumpre as restrições de tempo exigidas. Esta é a taxa de utilização em que os prazos não são cumpridos pela primeira vez. Com a nossa implementação, observamos o sistema por detrás da utilização deficiente; observamos o comportamento do sistema em condições de sobrecarga.

A capacidade de visualizar a latência de cada mensagem ajudará intensamente a localizar o momento em que uma determinada mensagem ou um conjunto de mensagens ultrapassará os seus prazos e, consequentemente, a visualização da latência ajudará, de facto, a ultrapassar a razão subjacente.

O cálculo da utilização da avaria dá-nos um valor que indica a quantidade de tempo livre que existe na rede.

Um dos principais resultados esperados é a determinação de parâmetros como "utilização de avarias" e "alfa", que são considerados como indicações do início de uma avaria na rede quando uma determinada mensagem num conjunto de dados começa a ultrapassar o prazo, o que não é permitido em comunicações críticas em tempo real.

1.4 AMBIENTE DE FERRAMENTAS DE PROGRAMAÇÃO

Selecionei **o MATLAB** como um ambiente de programação adequado para modelar toda a FERRAMENTA e para calcular a análise de dados, a visualização e a computação numérica. O MATLAB resolve problemas técnicos de computação mais rapidamente do que as linguagens de programação tradicionais, como o C, FORTRAN e C++.

O MATLAB é amplamente utilizado em aplicações como processamento de sinais e imagens, conceção de controlo, comunicações, teste e medição, modelação e análise e biologia computacional.

CAPÍTULO 2

ANTECEDENTES

A Controller Area Network (rede de barramento CAN) é uma rede de barramento de comunicações em série que foi basicamente concebida e fabricada para suportar comunicações simples e robustas para as redes de barramento inVehicle da Bosch.

Num veículo normal, existem dezenas de milhares de sinais únicos e distintos e a maior parte deles tem a natureza de tempo real e alguns deles são críticos em tempo real, pelo que a rede de barramentos CAN substituiu os milhares de métodos de cablagem ponto a ponto e integrou-os numa rede de um a sete barramentos.

A rede de barramento CAN é constituída por vários componentes electrónicos que ajudam a tradução e na interfaces entre vários sistemas. Esses componentes electrónicos incluem gateways CAN, controladores incorporados CAN, interface de hardware e conversores CAN.

Os veículos pesados identificaram o barramento CAN (especialmente o protocolo J1939) como a rede de barramento mais potente e fiável alguma vez utilizada no que é conhecido como (comunicações no veículo).

Atualmente, todos os veículos fabricados nos EUA, Japão, Europa e Coreia estão equipados com, pelo menos, duas redes de bus CAN [1]

Em alguns países, como os EUA, a implementação e a utilização da rede de barramento CAN são obrigatórias.

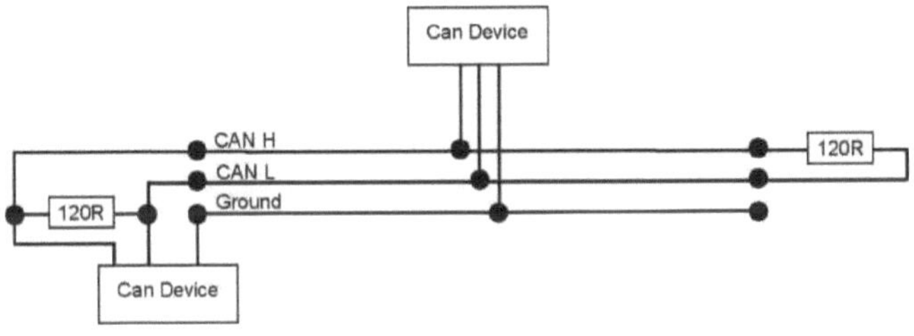

Figura   1Bus CAN típico

A figura acima mostra uma topologia típica de barramento CAN, aqui direi que é necessário terminar o barramento em ambas as extremidades com 120 Ohms. Estas duas resistências são utilizadas para evitar reflexões e para descarregar os controladores de coletor aberto do transcetor.

2.1 PORQUÊ CONTINUAR A UTILIZAR O "PODE"?

As necessidades de comunicação no sector automóvel são completamente diferentes das de muitas outras redes. Na comunicação automóvel, precisamos de ter um melhor comportamento em tempo real e, em especial, o atraso deve ser totalmente determinístico para termos uma rede de bus em tempo real.

Se tivermos uma rede de bus CAN e existirem dois nós que queiram transmitir exatamente ao mesmo tempo, então a mensagem de maior prioridade (mensagem mais importante) ganhará a arbitragem para se apoderar do bus e, por conseguinte, a garantia de entrega de uma mensagem na rede de bus CAN e, consequentemente, o bus CAN é uma rede determinística e é preferida na comunicação automóvel, em que temos tráfego crítico em tempo real que tem de utilizar uma rede determinística para comunicar, enquanto a rede concorrente (Ethernet) é uma rede não determinística

A lista seguinte descreve as caraterísticas das redes CAN:

1. Barramento multi-mestre (técnica de comunicação por difusão)
   Cada nó/ECU no barramento CAN transmite mensagens a todos os nós, e cada nó filtra as mensagens desinteressantes e responde apenas às mensagens desejadas, o que é compatível com a natureza das mensagens enviadas que precisam de ser difundidas em geral.

2. O CAN é uma rede baseada em mensagens
   Esta topologia permite que qualquer nó envie a mesma mensagem ou a receba, por outras palavras, facilita a adição ou remoção de nós sem software adicional incorporado.

3. Hardware muito económico e de fácil instalação
   O bus CAN utiliza cabos torcidos muito baratos e fáceis de instalar. Além disso, não há necessidade de ter, por exemplo, comutadores e/ou hubs.

4. Alta velocidade de dados
   O barramento CAN aceita uma gama de taxas de transmissão, sendo a mais elevada de 1 Mbits/s, o que é lento em comparação com a Ethernet 1-5 Gbit/s e a USB 500 Mbits/s, mas rápido em comparação com a RS 232 (100 Kbits/s).

5. Nível de segurança extremamente elevado e elevada deteção e correção de erros,
   O bus CAN produz um nível de segurança extremamente elevado, com uma elevada taxa de deteção de erros, pelo que podemos assumir que não se perderão dados.

6. Continuidade e fiabilidade do barramento CAN, mesmo em caso de falha do nó.
   O barramento CAN continuará a funcionar mesmo que um ou mais nós falhem e não exista um nó central na rede do barramento CAN.

7. A sincronização é efectuada em cada transmissão de pacotes
   Num bus CAN, a rede fica totalmente sincronizada com cada transmissão de pacotes por qualquer nó da rede.

2.2 APLICAÇÃO SCANIA CAN BUS

Na Scania, as aplicações do bus CAN foram construídas ao abrigo do protocolo de nível superior J1939.

Existem três redes principais de barramentos CAN nos camiões Scania (Vermelho, Amarelo e Verde, que estão divididas com base na sua importância relativa) que estão interligadas com um gateway coordenador. Além disso, a SCANIA tem alguns outros barramentos CAN menores para diferentes fins...

A primeira rede de barramentos CAN (**barramento vermelho**) é utilizada para comunicações críticas em tempo real. Esta rede de barramentos liga as UEC do grupo motopropulsor, como o sistema de gestão do motor EMS, o sistema de gestão da transmissão TMS e o sistema de gestão dos travões BMS.

A segunda rede de barramentos CAN (**Yellow Bus**) é utilizada para comunicações em tempo real menos críticas que ligam as UEC relacionadas com o chassis, como o sistema de tração integral AWD, o sistema de bloqueio e alarme LAS, o sistema de trabalho da carroçaria BWS, o sistema de chassis da carroçaria BCS e a extensão para o Body Builder Truck\Bus, bem como os sistemas de processamento de visibilidade e ar e algumas outras UEC.

A terceira rede de barramento CAN (**barramento verde**) é utilizada para comunicações suaves em tempo real que ligam as UCE da carroçaria, tais como o sistema informático de transporte rodoviário RTI, o sistema de segurança de colisão CSS, o sistema áudio AUS, o controlo climático automático CSS, o sistema de aquecimento auxiliar ar-ar e água-ar, o sistema de relógio e temporizador CTS

Algumas UEC localizadas em redes de barramentos diferentes podem solicitar dados\mensagens de UEC de outra rede de barramentos; estes são então transmitidos através de uma UEC de alta capacidade, conhecida por "coordenador", que liga diferentes barramentos CAN.

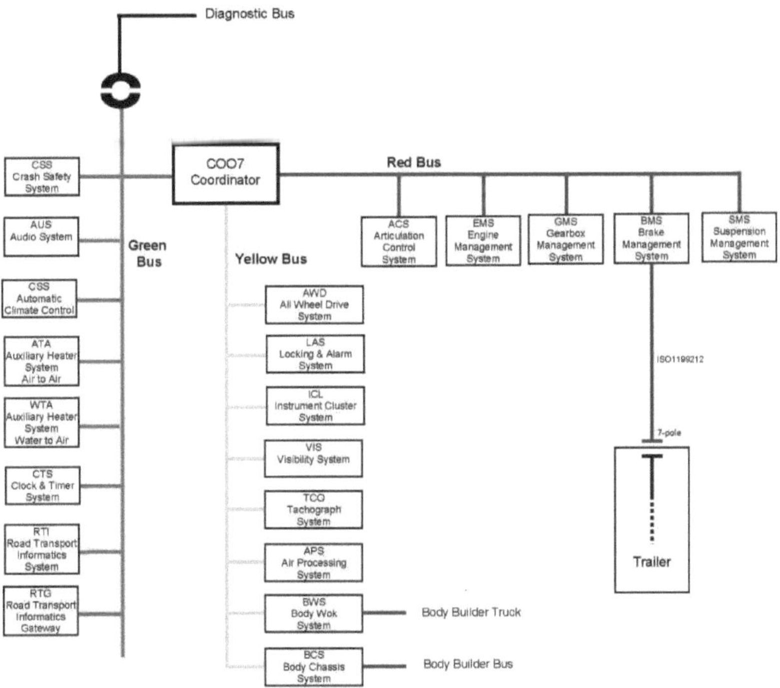

Figura 2 Diagrama esquemático das redes de barramento CAN da Scania sob o protocolo J1939

2.3 PROTOCOLO J1939 APLICADO EM REDES DE AUTOCARROS SCANIA CAN

A SCANIA está a utilizar o protocolo J1939 de comunicações e diagnósticos normalizados no seu veículo pesado, que é uma norma mantida pela Society of Automotive Engineers (SAE).

A norma J1939 define o modo como a informação é transferida através de uma rede de barramento CAN para permitir que diferentes UCE comuniquem informações de mensagens no veículo. A norma J1939 pode ser considerada como uma especificação de software que se encontra no topo de um bus CAN.

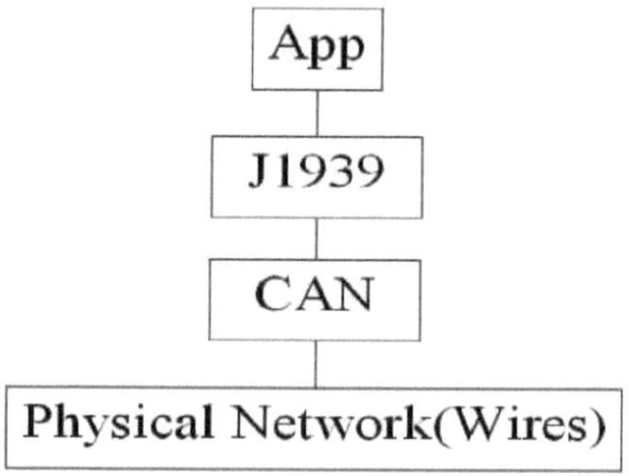

Figura 3 Modelo de rede J1939 normalizado

2.4   COMPRIMENTO DA REDE DE AUTOCARROS

Tabela 1 Taxa de bits do barramento CAN/comprimento

Bit Rate	Bus Length	Bit Time ($\mathcal{T}$)
• 1 Mbit/s	3o m	1µs
• 500 Kbit/s	100 m	2 µs
• 250 Kbit/s	250 m	4 µs

O comprimento máximo da linha da rede de bus CAN é calculado principalmente com base em:

> O atraso causado pelo looping dos nós ligados do barramento em causa

> O atraso da linha do bus CAN

> A diminuição da amplitude do sinal devido à resistência da linha do bus CAN

> As diferenças no tempo de bit T causadas pela oscilação de tolerância entre nós CAN

2.5 ESPECIFICAÇÕES J1939:

- Elevada deteção de erros e tolerância a falhas.

- Fio de par entrançado (blindado) barato e fácil de instalar

- Taxa de bits de250 - 500Kbits/sec[16]

- Identificador alargado de 29 bits

- Máx. 30 ECUs podem participar de cada vez numa rede

- A melhor continuidade e fiabilidade pelas razões acima referidas

2.5.1 Formato da mensagem J1939-21

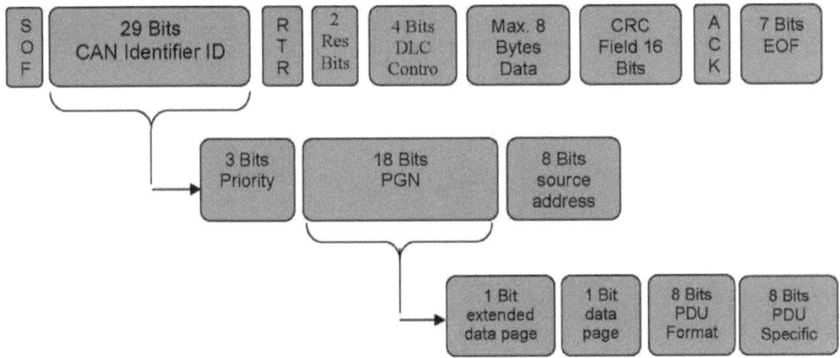

Figura 4 Formato típico da mensagem J1939-21

- SOF

É um único bit dominante (início do quadro, SOF) que marca o início da mensagem do quadro, e a principal função deste bit é sincronizar todos os nós localizados no barramento após um caso de inatividade.

Identificador

- Identificador CAN ID

O CAN alargado é constituído por um identificador de 29 bits que determina a prioridade e a identidade da mensagem.

Quanto mais baixo for o valor do identificador, maior será o valor da prioridade.

- RTR

É um único pedido de transmissão remota, RTR, dominante quando outro nó solicita informações.

- DLC

É um código de comprimento de dados de 4 bits, DLC, e contém o número de bytes de dados a transmitir.

- Dados

1 Até 64 bits de dados a transmitir.

- CRC

É uma verificação de redundância cíclica de 16 bits, CRC, que contém o número de bits transmitidos dos dados para deteção de erros.

- ACK

É um campo de 2 bits, que consiste no bit de ranhura ACK e no delimitador ACK

O remetente de um determinado quadro transmite ambos os bits com estado recessivo. Enquanto o recetor, quando recebe a mensagem corretamente, reenvia ao emissor um bit dominante na ranhura ACK.

- EOF

Trata-se de sete bits recessivos, conhecidos como campo de fim de quadro (end of frame field, EOF), cuja principal função é assinalar o fim de um quadro e desativar o enchimento de bits.

O identificador de mensagem de 29 bits está dividido em três blocos principais e outros 4 sub-blocos:

Os três blocos principais são:

- Campo de prioridade de 3 bits que equivale a 8 níveis de prioridade

- 8 bits de endereço de origem (ECU de origem)

- 18 bits de PGN, Parameter Group Number (número do grupo de parâmetros) para identificar a utilização do campo PG, que está dividido em mais quatro sub-blocos:

   o Página de dados alargada de 1 bit.

   o 1 bit para referência de página, atualmente página1 (2 páginas disponíveis)

   o 8 bits da unidade de dados do parâmetro **Formato (PF)**

   o 8 bits da unidade de dados do parâmetro **Específico (PS)**

2.5.2 Tradução dos conteúdos PF e PS

- Quando PF = 0- 239 PDU1 refere-se a um endereço de destino em PS

- Quando PF = 240 -255 PDU2 refere-se a uma extensão do formato PF da PDU em PS

Tradução de conteúdosPF e PS**)1939-21 Arbitragem de mensagens CAN**

2.5.3   1939-21 Arbitragem de mensagens CAN

Na arquitetura do barramento CAN jl939, quando mais de uma UCE inicia a sua transmissão exatamente ao mesmo tempo, após ter detectado que o barramento está inativo, é aplicado um acesso múltiplo com deteção de portadora e prevenção de colisão CMSA/CD para aceder ao barramento. Cada mensagem tem 29 bits de ID ou identificador e cada UCE envia bit após bit do seu identificador enquanto monitoriza o nível de tensão do barramento. Desde que os bits transmitidos por essas UCE sejam semelhantes, nada acontece[l2].

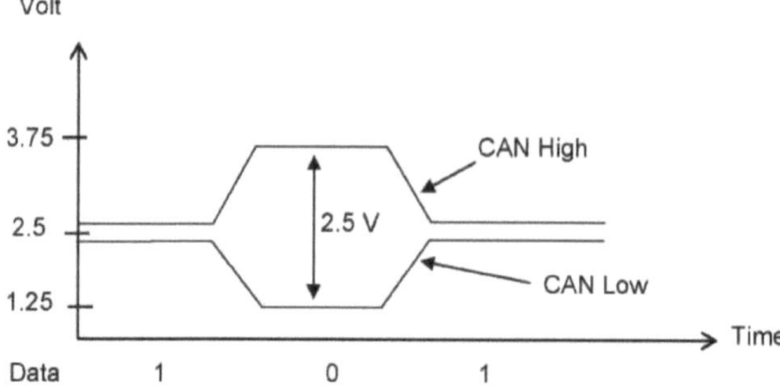

Figura 5CAN Dominante (0) e Recessivo (l) em termos de tensão

Há dois níveis de tensão: o primeiro é baixo e chamado dominante e o segundo é alto e chamado recessivo. Os bits dominantes ganharão sempre o barramento e, nesse momento, se a UCE que transmite o bit recessivo encontrar um bit dominante no barramento, essa UCE interromperá diretamente a transmissão e aguardará até que o barramento volte ao estado de inatividade. Por conseguinte, no final, apenas um identificador ganhará a arbitragem e obterá o barramento, pelo que quanto mais baixo for o identificador, maior será a prioridade.

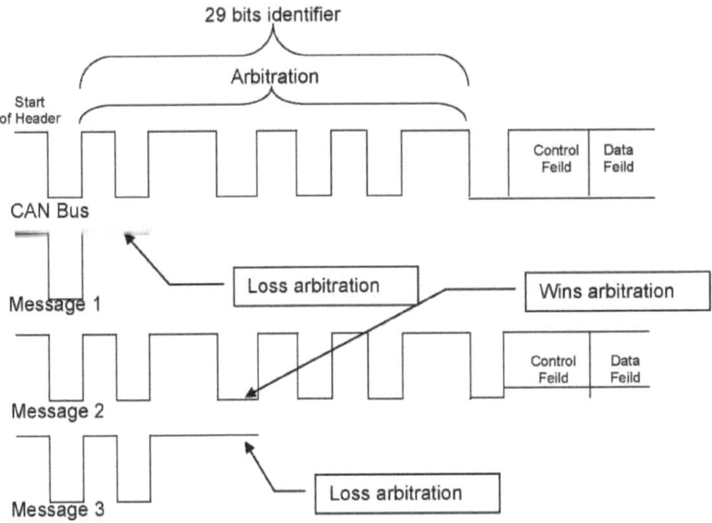

Figura 6 Arbitragem típica de mensagens CAN J1939

2.6 ESTADO DA ARTE

Os fabricantes de veículos pesados constroem as suas redes de barramento CAN J1939 com base nas limitações normais comuns a seguir indicadas:

1- Utilização máxima de 80% da carga do bus da rede CAN (para que haja tempo livre suficiente para mensagens de diagnóstico, mensagens de erro, mensagens de sobrecarga, etc.) [13]

2- Máximo. Comprimento da rede de 40 metros[16]

3- Taxa de bits de 250-500 Kbits/sec[16]

4- Máx. 30 ECUs podem participar de cada vez numa dada rede de barramento CAN[16]

Os fabricantes estabeleceram uma norma para a definição de "Códigos de diagnóstico de anomalias", após um período de tempo específico, de modo a que, no modo de despertar, Tdtc> Tdtc_wakeup ms, enquanto no modo de funcionamento normal, Tdtc> Tdtc_normalrun, se uma determinada mensagem não tiver entrado na rede do barramento (prazos cruzados), esses códigos DTC referem-se normalmente a 1) uma falha específica do sistema ou 2) simplesmente o barramento CAN foi carregado ao ponto de impedir que uma mensagem específica entrasse no barramento.

Por conseguinte, recomenda-se que se examine a razão pela qual um determinado código DTC foi ativado e qual a razão subjacente. A pesquisa em artigos científicos não mostrou uma ferramenta para determinar a utilização da avaria que ajuda a evitar a definição de códigos DTC (por motivo de carga elevada). Em vez disso, o caso é examinar alguns outros factores (como o nível de prioridade de uma dada mensagem que define o código DTC, ou a velocidade cíclica dessa dada mensagem) e, alterando esses factores, ultrapassar a razão e desligar esse código DTC se a razão for uma carga de barramento elevada que introduz latência.

2.7   TRABALHOS ESTREITAMENTE RELACIONADOS

Referi-me aos seguintes trabalhos de investigação que considero os melhores neste domínio:

- *Análise de Escalonabilidade de Redes de Área Controlada (CAN): Refutada, Revisitada e Revisada*

  Preparado por:

  Robert I. Davis e Alan Burns
  Grupo de Investigação de Sistemas em Tempo Real,
  Universidade de York, Inglaterra

- *Garantia de latências de mensagens na rede de área de controlo*

  Preparado por:

  Ken Tindell e Alan Burns,
  Grupo de Investigação em Sistemas de Tempo Real,
  Universidade de York, Inglaterra

- *CANNetworkUtilization,*
  Cálculos de carga de autocarro para o SESAMIM - Autocarro vermelho, RESA09002
  Documento interno da Scania

Estes artigos permitem ao investigador tirar partido da análise de escalonabilidade do barramento CAN (primeiro artigo), que foi desenvolvida para determinar o pior caso de tempo de resposta de qualquer mensagem na rede CAN e, consequentemente, seria possível calcular a latência das mensagens (segundo e terceiro artigos), que são valiosos para o nosso objetivo de evitar que a rede caia no caso de rede não escalonável.

CAPÍTULO 3

MODELO DE ANÁLISE DE CARGA

Para simular e modelar a carga do barramento CAN, é necessário mostrar a latência de cada mensagem, caso exista na rede de barramento, e a quantidade de tempo livre <u>útil</u> que existe na rede, calculando "alfa" e "utilização de avaria", que serão utilizados para testar uma determinada rede e determinar em que medida pode suportar uma carga suplementar, pelo que a modelação será construída passo a passo.

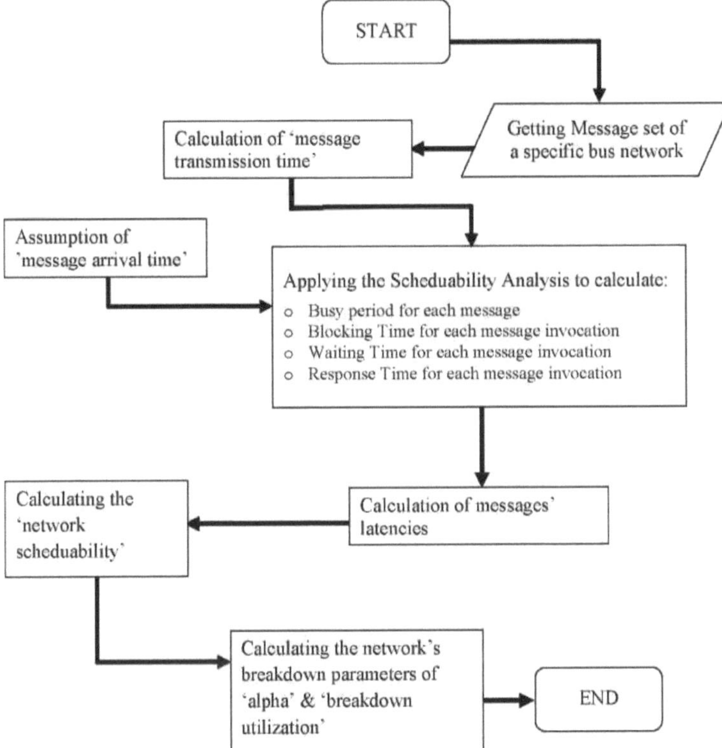

3.1 HIPÓTESE DO TEMPO DE CHEGADA DAS MENSAGENS

O pressuposto do pior caso é sempre o caso no que respeita ao tempo de chegada da mensagem.

Assume-se um cenário em que todas as mensagens chegam ao mesmo tempo, caso em que se registaria o período mais longo de tempo de resposta para essas mensagens.

3.2 CÁLCULO DO TEMPO DE TRANSMISSÃO DA MENSAGEM

Para obter o tempo de transmissão da mensagem no pior dos casos, assume-se um cálculo do pior dos casos no que respeita ao enchimento de bits.

Para identificadores alargados de 29 bits:

$$C_m = (80 + 10 S_m)\mathcal{T}_{bit}$$

Equação 1- - Tempo de transmissão da mensagem

C_m Tempo máximo de transmissão de uma mensagem com identificador de 29 bits

τ_{bit} Tempo de transmissão de um único bit

S_m Número de bytes da mensagem de dados

3.3 APLICAÇÃO DA ANÁLISE DE PROGRAMABILIDADE

Para calcular o pior caso de tempo de resposta e período de ocupação para um grupo de mensagens/função de utilizador, baseia-se:

1- O barramento CAN é um barramento de prioridade fixa com programação não preemptiva

2- Deve ser examinado todo o período de ocupação de cada mensagem.

O conceito de *período ocupado*, introduzido por Lehoczky [5], é fundamental para analisar os tempos de resposta no pior dos casos; um período ocupado de *nível* de prioridade m é definido da seguinte forma: [1]

- O tempo de espera começa num dado momento em que uma mensagem de prioridade *m* ou superior está em fila de espera pronta para ser transmitida e não há mensagens de prioridade *m* ou superior à espera de serem transmitidas que tenham sido colocadas em fila de espera estritamente antes do tempo e é dado pela seguinte relação de recorrência [1]

$$w_m^{n+1}(q) = B_m + qC_m + \sum_{\forall k \in hp(m)} \left\lceil \frac{w_m^n + J_k + \tau_{bit}}{T_k} \right\rceil C_k$$

Equação 2- - Tempo de espera da mensagem / Relativo

w_m Tempo de espera da mensagem examinada m

q Número de invocação da mensagem m

B_m Máximo. Tempo de bloqueio da mensagem de prioridade mais baixa do que m

T_k Tempo de ciclo de todas as mensagens de prioridade mais elevada do que a mensagem m

J_k Jitter de todas as mensagens de prioridade mais elevada do que a mensagem m

C_k Tempo de transmissão de todas as mensagens de prioridade mais elevada do que a mensagem m

C_m Tempo de transmissão da mensagem examinada m

$w_m^0 = B_m$ Valor inicial

É um intervalo de tempo contíguo durante o qual qualquer mensagem de prioridade inferior a *m* (*tempo de fila de espera*) não consegue ganhar a arbitragem e iniciar a transmissão[4].

$$B_m = \max_{k \in lp(m)} (C_k)$$

Equação 3- - Mensagem Max. Tempo de bloqueio/Relativo

B_m Máximo. Tempo de bloqueio da mensagem de prioridade inferior a m

C_k Tempo de transmissão do conjunto de mensagens

- Termina no primeiro momento em que o barramento fica inativo, pronto para a próxima ronda de transmissão e arbitragem, mas não há mensagens de prioridade *m* ou superior à espera de serem transmitidas que tenham sido colocadas em fila de espera estritamente antes do tempo . [1]

No entanto, uma mensagem de prioridade mais elevada pode ser forçada a aguardar a transmissão quando a mensagem *m* termina a transmissão e, por conseguinte, o período de ocupação pode tornar-se mais longo devido ao facto de o barramento CAN aplicar o escalonamento não preemptivo de prioridade fixa, pelo que temos de verificar se existem várias instâncias de uma mensagem *m* que estariam prontas para transmissão, imediatamente antes do fim do período de ocupação, de acordo com a relação recursiva abaixo [1]:

$$Q_m = \left\lceil \frac{t_m + J_m}{T_m} \right\rceil$$

Equação 4- - Número de invocações de mensagens

Q_m Número de invocações de mensagens *m* a examinar durante o período de ocupação

t_m Tempo de ocupação da mensagem examinada m

J_m Jitter da mensagem examinada m

T_m Tempo de ciclo da mensagem examinada m

- A duração do período de ocupação da mensagem de prioridade m que seria examinada é dada pela seguinte relação de recorrência [1]

$$t_m^{n+1} = B_m + \sum_{\forall k \in hp(m) \cup m} \left\lceil \frac{t_m^n + J_k}{T_k} \right\rceil C_k$$

Equação 5- - Período de ocupação de mensagens

t_m Tempo de ocupação da mensagem examinada m

B_m Máximo. Tempo de bloqueio da mensagem de prioridade inferior a m

T_k Tempo de ciclo de todas as mensagens de prioridade mais elevada de m e superiores a

J_k Jitter de todas as mensagens de prioridade mais elevada de m e superiores a

C_k Tempo de transmissão de todas as mensagens de prioridade mais elevada de m e mais

$t^0 = C_m$ Valor inicial

O tempo de resposta relativo de uma mensagem de prioridade m para cada instância é dado por

$$R_m = J_m + w_m + C_m$$

Equação 6- - Tempo de resposta da mensagem/Relativo

R_m Tempo de resposta na pior das hipóteses da mensagem examinada m

J_m Jitter da mensagem examinada m

w_m Tempo de espera da mensagem examinada m

C_m Tempo de transmissão da mensagem examinada m

O pior caso de tempo de resposta para uma mensagem de prioridade m através de todas as invocações é dado por

$$R_m = \max_{q=0..Q_m-1} (R_m(q))$$

Equação 7- - Tempo de resposta do pior caso de mensagem

R_m Tempo de resposta na pior das hipóteses da mensagem examinada m

$R_m(q)$ Tempo de resposta da mensagem examinada m para uma dada invocação q

q Número de invocação da mensagem m

Q_m Número de invocações de mensagens m a examinar durante o período de ocupação

3.4 CÁLCULO DA LATÊNCIA

A latência, que é definida como o tempo restante (que precisa de ser utilizado) para terminar a execução de uma mensagem após o seu prazo e é calculada para cada "invocação de mensagem" durante todo o **período ocupado**, é dada por

$$L_m = R_m - D_m$$

Equação 8- - Tempo de latência da mensagem

L_m Latência da mensagem examinada m

D_m Tempo limite da mensagem examinada m

R_m Tempo de resposta da mensagem examinada m

Nota: Presume-se que o prazo de uma mensagem é igual ao tempo de ciclo de uma mensagem.

Normalmente, a latência para uma invocação de mensagem específica é igual à subtração do prazo relativo D para a mensagem de prioridade m do seu tempo de resposta relativo R.

A visualização da latência ajuda o utilizador a saber exatamente como as mensagens se comportam durante o modo de despertar e no modo de execução, o que é considerado um dos resultados e objectivos desta tese.

3.5　CÁLCULO DA UTILIZAÇÃO ALFA E DA REPARTIÇÃO

3.5.1　Introdução

Precisamos de ter uma implementação para uma avaliação e análise do desempenho de aplicações em tempo real com base na descoberta de pontos de utilização de avaria. Num ponto de rutura, o sistema não cumpre as restrições de tempo exigidas. Esta é a taxa de utilização em que os prazos não são cumpridos pela primeira vez. Com a nossa implementação, observamos o sistema por detrás da utilização deficiente; observamos o comportamento do sistema em condições de sobrecarga[17].

3.5.2　Definição

O valor de 'alfa' pode ser definido como **uma quantidade relativa de uma carga máxima que podemos adicionar à rede até que esta introduza latência em comparação com a carga existente.**

3.5.3　Tradução

A tradução da referida definição é ter, por exemplo, uma rede com "carga existente= 24%" e "alfa =2" significa que o ponto de rutura é 2x24% = 48%

um valor de alfa próximo mas superior a 1 indica que, embora o sistema seja programável, há pouca margem para aumentar a carga. O valor 0 de alfa para a velocidade do barramento indica que não é possível encontrar um valor para a utilização da avaria (um sistema não programável) [2]

'alfa' é um fator de indicação de quanto tempo livre útil existe na rede de que uma carga extra pode beneficiar até que a rede introduza latência, é um valor máximo tal que, quando os períodos de mensagem são divididos por alfa, o sistema continua a ser programável (ou seja, todos os requisitos de latência são cumpridos). [5]

3.5.4　Possibilidades

alfa=0 Um sistema não programável, não é possível encontrar qualquer valor para a utilização de avarias

alpha=1Um sistema programável e não há espaço útil para aumentar a carga.

alpha>1 O sistema é programável e existe uma margem útil para aumentar a carga com base no facto de alpha ser superior a l. (Quanto maior for 'alpha', maior será o tempo livre útil na rede, maior será a carga que podemos acrescentar)

3.5.5   Modelação

Se o sistema for programável (o caso normal), começamos por dividir cada ciclo de mensagens numa determinada rede de barramentos com um contador de passos chamado Beta (iniciado com l e aumentado com uma "resolução" do contador de 0,l) e, em seguida, executamos a análise matemática de programabilidade e verificamos os resultados; se os requisitos de latência ainda forem cumpridos, continuamos a aumentar o contador de passos e a executar a análise matemática de programabilidade e a verificar os resultados até à latência introduzida no barramento.

O valor desse contador de passos neste momento é o nosso "alfa" pretendido para esse barramento e a utilização do barramento neste momento é a "utilização de rutura" desse barramento.

se a rede em causa não for programável (o caso não normal), então o seu "alfa" associado é igual a zero (um sistema não programável).

A utilização de rutura é o ponto de rutura do barramento, que ocorre quando o barramento começa a introduzir latências, e é calculada pela percentagem do débito <u>máximo</u> (alcançado utilizando o ponto alfa) sobre a taxa de bits do barramento.

3.6   MAIS CARGA DE AUTOCARRO

Normalmente, a modelização da carga do barramento CAN não tem em conta a carga das mensagens de diagnóstico no barramento. A maioria dessas mensagens só é permitida quando o veículo está em modo "parado". Para as mensagens de diagnóstico KWP e UDS, localizamos o ciclo do servidor para cada mensagem de diagnóstico (mensagem esporádica), mas é difícil calcular a sua carga exacta porque depende de quantos servidores pretendemos iniciar e quantos comandos vamos ativar de cada vez, mas, na realidade, há um mínimo de dois servidores iniciados de cada vez que enviam mensagens de vários pacotes com protocolo de transporte e, por conseguinte, a sua carga pode ser 2tp * 20 fr/s * l55 bit/fr *

$4\mu s$/bit = 0,0248 $\div$ = 2,48% de carga extra (em modo parado). [8]

As mensagens de erro são iniciadas quando um nó do bus descobre um erro na mensagem recebida, devido à taxa de erro de bit BER no bus CAN ser igual a $3*10^{-n}$, que pode ser aproximada a zero [13].

As mensagens de natureza esporádica, como as mensagens de pedido (que não são de todo permitidas no autocarro vermelho Scania), seriam também negligenciadas nos cálculos da carga do autocarro, devido ao facto de a sua carga ser aproximada de zero [9]

CAPÍTULO 4

FLUXOGRAMA DAS FUNÇÕES DA FERRAMENTA

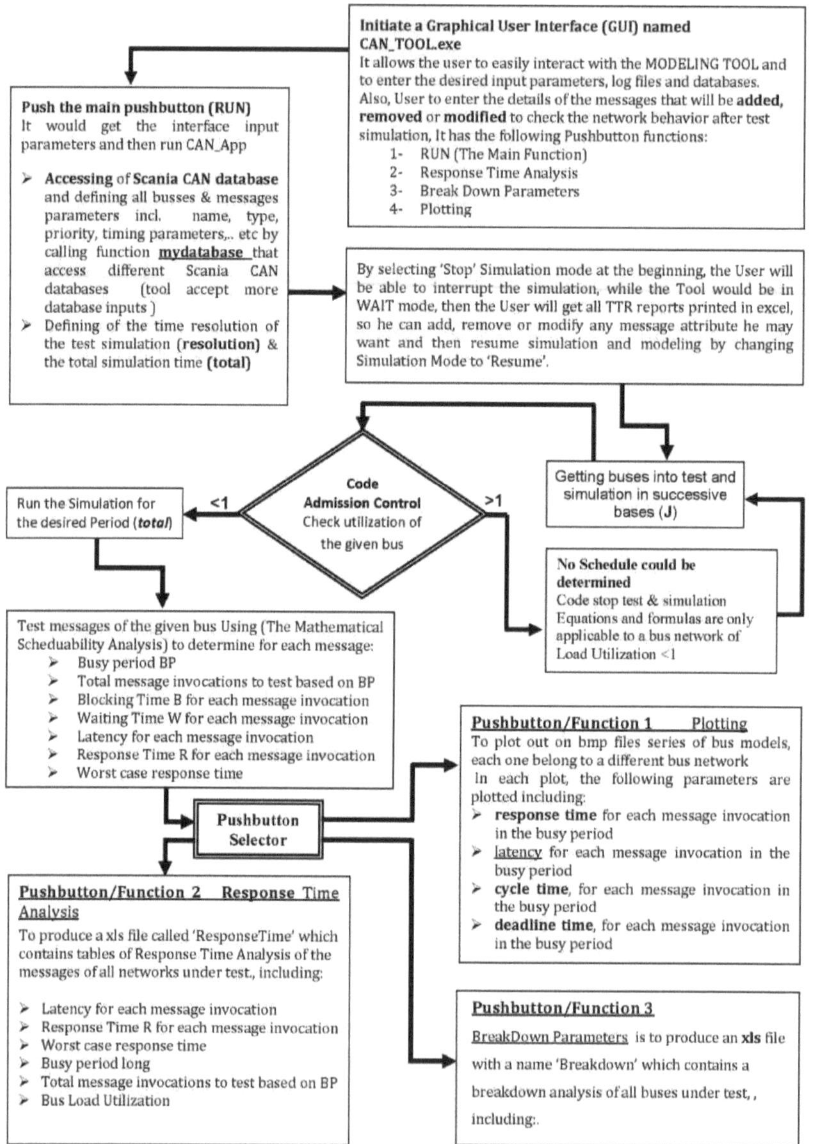

Figura 8 Fluxograma do código da ferramenta CAN para modelar a carga do barramento no CAN

CAPÍTULO 5

INTERFACE GRÁFICA DO UTILIZADOR GUI

Optei por utilizar uma Interface Gráfica de Utilizador como uma *interface humano-CAN_Tool* (ou seja, uma forma de os humanos interagirem com os computadores) que utiliza *janelas*, *ícones* e *menus* e que pode ser manipulada por um rato. [15]

5.1   A ENTRADA DA FERRAMENTA

A interface é estimulada com 28 entradas que variam da taxa de bits ao parâmetro de mensagem e aos nomes dos ficheiros, incluindo três painéis para adicionar, remover ou modificar uma mensagem específica ou um conjunto de mensagens.

A entrada é constituída por:

1- O ficheiro de registo de dados é um ficheiro de registo resultante do teste com o CANalyzer que contém todos os registos possíveis de mensagens CAN na rede durante o período de teste e deve estar no formato de ficheiro xlsx.

Time	Bus	Message ID
0.000000	1	CF00400x
0.000272	1	8FE6E0Bx
0.000284	3	CFE5A27x
0.000274	1	CFE6CEEx
0.000282	2	CFF8100x
0.004805	1	18FE592Fx
0.000484	1	18E520C8x
0.000352	3	18FEC4C8x
0.000364	1	18FEC6C8x
0.000906	2	CF00203x
0.000286	1	C040B03x
0.001720	2	CFFA700x
0.000758	1	CFF8027x
0.000280	1	C040B11x
0.000276	1	18F0090Bx
0.006184	3	CF00203x
0.000282	1	18FFA103x
0.002102	2	CFE6CEEx
0.000282	3	CF00400x
0.000272	3	8FE6E0Bx
0.000270	1	CFF9111x
0.000286	2	18E4A827x
0.000290	3	18FECA00x

Entrada muito pequena Amostra de registos de dados

2- Ficheiro de registo de diagnóstico é um ficheiro de registo que resulta de testes com o CANalyzer enquanto se iniciam todas as funções de diagnóstico possíveis, deve estar no formato de ficheiro xlsx.

3- O ficheiro de base de dados de rede é um ficheiro de base de dados que contém todas as mensagens CAN possíveis, juntamente com o seu nome, atributo, ID, nó de origem, campo de arbitragem e tipo de mensagem e ECU transmissora, este ficheiro é apresentado em formato xls.

4-   O modo de simulação permite ao utilizador interromper a simulação, enquanto a ferramenta está em <u>espera, e</u> o utilizador obtém todos os relatórios TTR impressos em Excel numa pasta recém-criada, podendo adicionar, remover ou modificar qualquer atributo de mensagem que pretenda e retomar a simulação e a modelação alterando o modo de simulação para "Modo de retoma" no painel principal da ferramenta.

5- A taxa de transmissão da rede é um menu pop-up que permite selecionar a taxa de transmissão de uma rede específica.

5.2 O RESULTADO DA FERRAMENTA

Ver a figura 9 da interface CAN TOOL, existem sete botões de pressão na interface:

> O primeiro botão (principal) (RUN) para executar a modelação e a solução matemática

> O segundo botão (Plotagem) permite traçar os modelos de cada barramento em **ficheiros bmp**

> O terceiro botão (Parâmetros de repartição) permite produzir um **ficheiro xls** com o nome "Repartição.xls" que contém uma análise de repartição de todos os barramentos testados.

> O quarto botão (Análise do tempo de resposta) destina-se a produzir um **ficheiro xls** denominado "ResponseTime.xls" que contém tabelas de análise do tempo de resposta de todas as mensagens de cada uma das redes de autocarros visadas.

> O quinto botão (Ajuda e Suporte), ao clicar neste botão, mostra uma lista de tópicos para obter ajuda sobre cada um deles, selecionando com o rato.

> O sexto botão (Eliminar O/P) permite eliminar os ficheiros Excel TTR xls e os ficheiros txt de análise do tempo de resposta.

> O sétimo botão (Contacto), ao clicar neste botão, mostra os dados de contacto do produtor.

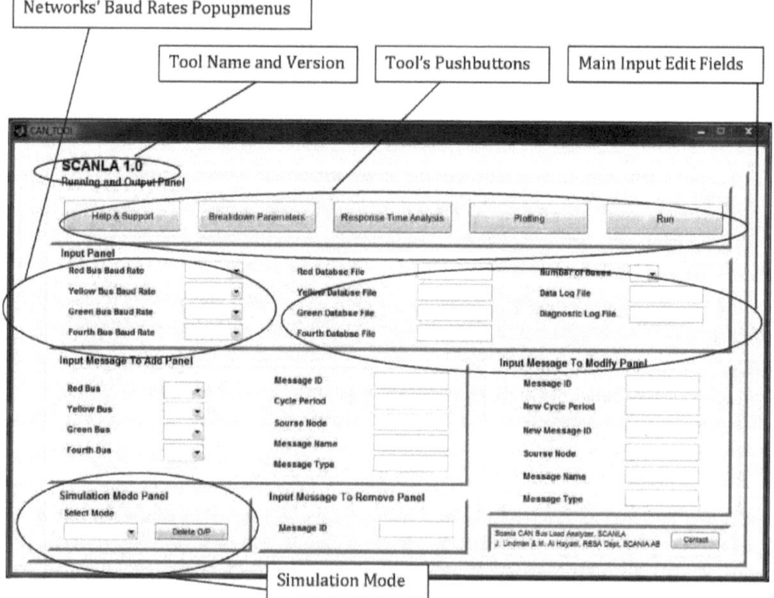

Figura 9 Instantâneo da interface humana produzida -CAN_TOOL utilizando a GUI

A ferramenta de modelação da carga do barramento CAN desenvolvida funciona a partir de uma aplicação executável e pode ser instalada em diferentes computadores diretamente a partir de um único ficheiro de aplicação .exe.

É capaz de mapear diferentes ficheiros de registo do barramento CAN que resultaram de testes com o CANalyzer, de modo a que a ferramenta se aprofunde nesses ficheiros de registo e procure todos os dados possíveis no seu interior para localizar e analisar todas as mensagens, mesmo que esses ficheiros de registo contenham centenas de milhares de registos de mensagens

Também é capaz de aceder à base de dados Scania CAN e definir todos os parâmetros de busses e mensagens, incluindo nome, tipo, prioridade, parâmetros de temporização, etc.

EEC1_E	CF00400	Engine_E	6	20	Cyclic
HighResol	8FE6E0B	Brake_A	1	20	Cyclic
ASC1_K	CFE5A27	Coordinat	7	100	Cyclic
TCO1_TCC	CFE6CEE	Tachograp	8	20	Cyclic
DLN2_E	CFF8100	Engine_E	11	100	Cyclic
ASC3_F	18FE592F	GW_F	47	100	Cyclic
RGE21	18E520C8	Coordinat	32	100	Cyclic
EBS22_C8	18FEC4C8	GW_C8	51	100	Cyclic
EBS23_C8	18FEC6C8	GW_C8	52	100	Cyclic
ETC1_T	CF00203	Gearbox_	4	10	Cyclic
XBR_T_A	C040B03	Gearbox_	2	20	IfActive
EngineTor	CFFA700	Engine_E	15	20	Cyclic
DLN1_K	CFF8027	Coordinat	10	20	Cyclic
XBR_CCM	C040B11	Coordinat	3	20	IfActive
VDC2_A	18F0090B	Brake_A	42	20	Cyclic
Transmiss	18FFA103	Gearbox_	78	100	Cyclic
CCMSR	C/CFF9111	Coordinat	13	50	Cyclic

Figura 10Amostra do relatório de tráfego do autocarro vermelho.
(Produzido pela ferramenta)

A figura 10 é construída através da análise do ficheiro de registo de dados e mapeada para o ficheiro da base de dados CAN red e contém o nome da mensagem, o ID da mensagem, o nó de origem, a prioridade relativa, o tempo de ciclo e o tipo de mensagem. Note-se que estes relatórios podem ser modificados pelo utilizador para construir uma simulação que corresponda aos seus próprios desejos.

MessageName	MessageID	SourceNode	RelativePi	Bus	Cycle	Deadline	Execution	Response	BusyPerio	TotalInvoc	InvocatioI	Latency	WorstCas	BusLoadUtilisation
HighResolution	8FE6E0B	Brake_A	1	RedBus	20	20	0.31	0.62	0.62	1	1	0	0.62	33.8644
XBR_T_A	C040B03	Gearbox_T	2	RedBus	20	20	0.31	0.93	0.93	1	1	0	0.93	33.8644
XBR_CCM_A	C040B11	Coordinator_	3	RedBus	20	20	0.31	1.24	1.24	1	1	0	1.24	33.8644
ETC1_T	CF00203	Gearbox_T	4	RedBus	10	10	0.31	1.55	1.55	1	1	0	1.55	33.8644
EEC2_E	CF00300	Engine_E	5	RedBus	50	50	0.31	1.86	1.86	1	1	0	1.86	33.8644
EEC1_E	CF00400	Engine_E	6	RedBus	20	20	0.31	2.17	2.17	1	1	0	2.17	33.8644
ASC1_K	CFE5A27	Coordinator_	7	RedBus	100	100	0.31	2.48	2.48	1	1	0	2.48	33.8644
TCO1_TCO	CFE6CEE	Tachograph_1	8	RedBus	20	20	0.31	2.79	2.79	1	1	0	2.79	33.8644
EBC2Proprietar	CFF190B	Brake_A	9	RedBus	50	50	0.31	3.1	3.1	1	1	0	3.1	33.8644
DLN1_K	CFF8027	Coordinator_	10	RedBus	20	20	0.31	3.41	3.41	1	1	0	3.41	33.8644
DLN2_E	CFF8100	Engine_E	11	RedBus	100	100	0.31	3.72	3.72	1	1	0	3.72	33.8644
DLN6_K	CFF8927	Coordinator_	12	RedBus	1000	1000	0.31	4.03	4.03	1	1	0	4.03	33.8644
CCM5R_CCM	CFF9111	Coordinator_	13	RedBus	50	50	0.31	4.34	4.34	1	1	0	4.34	33.8644
RetarderPropri	CFFA210	Retarder_RD	14	RedBus	100	100	0.31	4.65	4.65	1	1	0	4.65	33.8644
EngineTorqueIr	CFFA700	Engine_E	15	RedBus	20	20	0.31	4.96	4.96	1	1	0	4.96	33.8644
CooGeneralInfr	CFFAF27	Coordinator_	16	RedBus	1000	1000	0.31	5.27	5.27	1	1	0	5.27	33.8644
CooGeneralInfr	CFFB027	Coordinator_	17	RedBus	200	200	0.31	5.58	5.58	1	1	0	5.58	33.8644
DIP_A	CFFB20B	Brake_A	18	RedBus	1000	1000	0.31	5.89	5.89	1	1	0	5.89	33.8644
KWP2000Phys	18DAFEFE	-- No Transmi	19	RedBus	50	50	0.31	6.2	6.2	1	1	0	6.2	33.8644
KWP2000Phys_	18DAFF00	Engine_E	20	RedBus	50	50	0.31	6.51	6.51	1	1	0	6.51	33.8644
KWP2000Phys_	18DAFE03	Gearbox_T	21	RedBus	50	50	0.31	6.82	6.82	1	1	0	6.82	33.8644

Figura 11 Exemplo de análise do tempo de resposta do autocarro vermelho (Produzido pela ferramenta)

A figura 11 é construída aplicando a nossa solução matemática ao conjunto de dados da figura 10, a fim de calcular a análise do tempo de resposta desse conjunto de dados, incluindo a duração do período ocupado, o tempo de espera, o tempo de bloqueio, o tempo de resposta e a latência

BusName	BusSpeed_Kbits/s	BusUtilization	alpha	BreakdownUtilization
Red Bus	500	33.8644	1.5	50.7966
Yellow Bus	250	69.7004	0	0
Green Bus	250	36.89	1.2	44.268

Figura 12 Exemplo do ponto de rutura das diferentes redes (Produzido pela ferramenta)

A figura 12 mostra a utilização dos barramentos das redes testadas nas figuras 10 e 11 e os respectivos pontos de rutura de utilização.

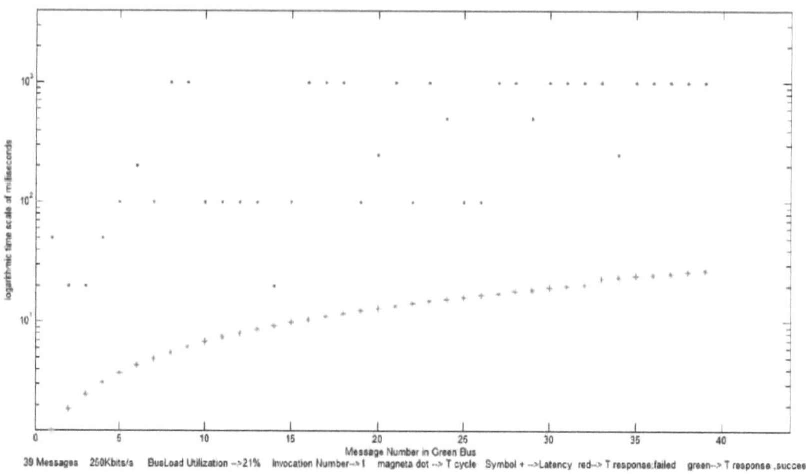

Figura 13 Amostra de um gráfico de latência/tempo de resposta de um barramento verde (Produzido pela ferramenta)

A figura 13 mostra o gráfico do tempo de resposta e da latência das mensagens, em escala logarítmica de milímetros, de cada invocação de mensagem durante o período de ocupação das mensagens testadas nas figuras 10, 11 e 12

CAPÍTULO 6

RESULTADOS DOS ENSAIOS E ANÁLISE

O TTR BENCHMARK, *(baseado nos LOG FILES do* veículo Scania T *realizados pelo teste CANafyzer em 22 de março de 2012) é um relatório* que descreve um conjunto de mais de 200 mensagens de uma configuração de hardware específica de um veículo Scania (veículo Scania T) enviadas entre vários subsistemas em três redes CAN bus (Red, Yellow e Green Scania CAN Buses) com uma poderosa ECU conhecida como coordenador. Note-se que a Scania lida com diferentes combinações desses subsistemas e mensagens associadas.

Existem 19 subsistemas equipados no veículo Scania T, de acordo com o seguinte

Sistema de gestão da suspensão SMS, sistema de gestão dos travões BMS, sistema de gestão da caixa de velocidades GMS, sistema de gestão do motor EMS, sistema de controlo da articulação ACS, sistema de tração a todas as rodas AWD, sistema de bloqueio e alarme LAS, sistema de painel de instrumentos ICS, sistema de visibilidade VIS, sistema de tacógrafo TCS, sistema de tratamento do ar APS, Sistema de controlo da carroçaria BWS, Sistema de chassis da carroçaria BCS, Coordenador COO7, Sistema de segurança contra colisões CSS, Sistema de áudio AUS, Controlo automático da climatização ACC, Sistema de aquecimento auxiliar ar-ar ATA, Sistema de aquecimento auxiliar água-ar WTA, Sistema de relógio e temporizador CTS, Sistema informático de transporte rodoviário RTS, Portal informático de transporte rodoviário RTG

As redes CAN que ligam esses subsistemas das UEC têm de tratar mais de 200 mensagens, algumas das quais de natureza esporádica, enquanto a maioria é considerada como dados de controlo de natureza periódica fixa, devendo a latência ser absolutamente inferior a um período associado. Embora as mensagens esporádicas tenham um requisito de latência offline que foi fixado antes da configuração da rede, por exemplo, todas as mensagens enviadas devido à interação com o condutor têm um requisito de latência de 25 ms[2], o que implica que a resposta deve aparecer imediatamente para o condutor. A todas as mensagens esporádicas deve ser atribuído um período que represente uma taxa máxima de inter-chegada ao ritmo a que podem ocorrer). [3]

O Apêndice 1 mostra as tabelas de referência TTR da rede de autocarros Scania T Vermelho, Amarelo e Verde (requisitos das mensagens para serem programadas), essas mensagens, algumas delas têm uma periodicidade fixa, mas outras surgem esporadicamente em resposta a um evento externo ou interno).

6.1 TESTE 1, UM TESTE REALISTA BASEADO NO FICHEIRO DE REGISTO DO VEÍCULO T

O TESTE seguinte apresenta em pormenor os resultados da execução da nossa FERRAMENTA CAN resultante da análise dos dados do ficheiro de registo do *veículo SCANIA T*

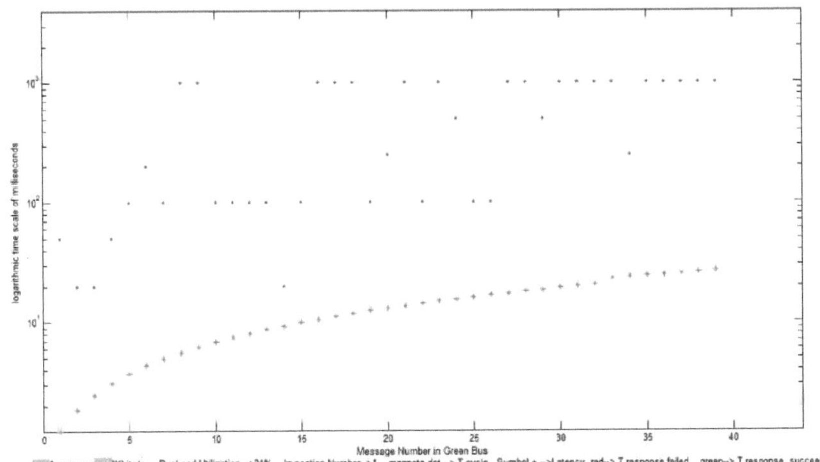

Figura   14Tempo de resposta   (Testi) das mensagens Green Bus Invocação 1
fBP termina em 1st invocação)

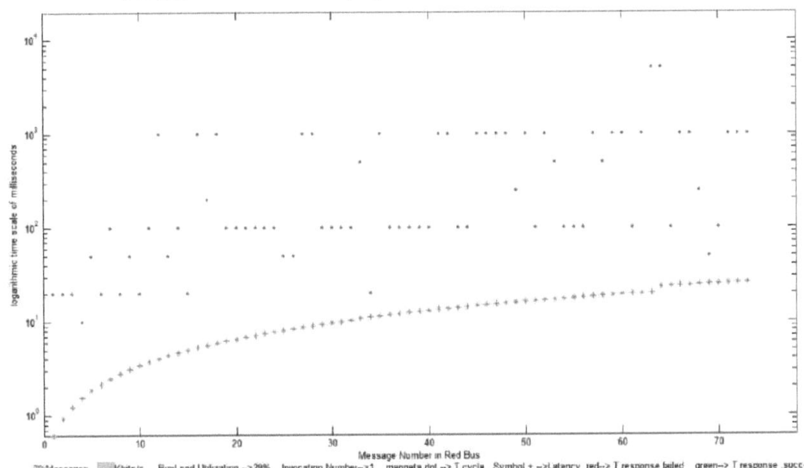

Figura 15 Tempo de resposta (Testi) das mensagens do barramento vermelho Invocação 1 (o
BP termina em 1st invocação)

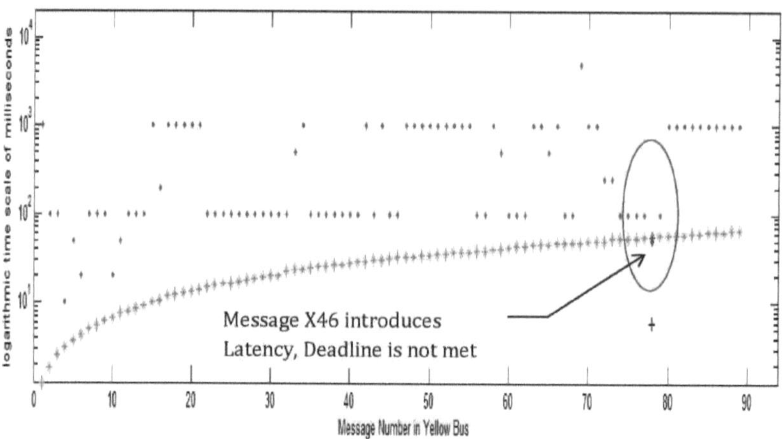

Figura 16 Tempo de resposta (Testi) das mensagens do Yellow Bus Invocação 1 (o BP termina em 2nd invocação)

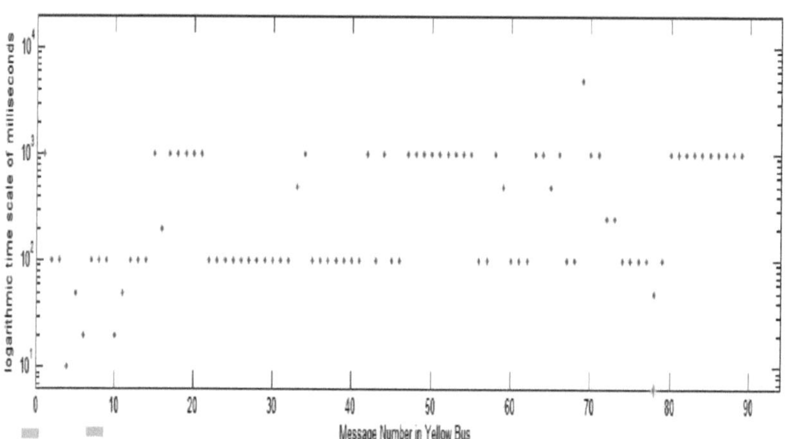

Figura 17 Tempo de resposta (Testi) das mensagens do Yellow Bus Invocação 2 (o BP termina em 2nd invocação)

6.1.1 Discriminação resultante Utilização & alfa

Tabela 2 Teste1 - Utilização e alfa da desagregação dos resultados

Bus	Bus Utilization	alpha	Breakdown Utilization
Red	34.29	1.50	51.4383
Yellow	46.62	0.00	00.0000
Green	20.71	2.20	45.5576

Alfa detalha a utilização deficiente do sistema para a velocidade de barramento dada. A **utilização deficiente** é o maior valor de alfa, de modo que, quando todos os períodos de mensagem são divididos por alfa, o sistema permanece programável (ou seja, todos os requisitos de latência são atendidos).

É uma indicação de quanta folga existe no sistema: um valor de alfa próximo mas superior a 1 indica que, embora o sistema seja programável, há pouca margem para aumentar a carga. O valor 0 de alfa para a velocidade do barramento indica que não é possível encontrar um valor para a utilização da avaria (um sistema não programável)

6.1.2   Latências encontradas

Na figura 12 do gráfico do tempo de resposta do autocarro amarelo, verificamos que a seguinte mensagem (ver Apêndice 1)

Message Name   X46

Message ID   0x18FFXXXX

Esta mensagem não cumpre os requisitos de prazo e não é capaz de ocupar o barramento no tempo de ciclo desejado, tendo introduzido latência.

Nota: Mensagem para controlar/enviar informações a qualquer tipo de GMS (AWD incluído)

6.1.3   Solução sugerida

A reparação da referida avaria na rede pode ser efectuada modificando o tempo de ciclo (não é preferível devido ao comportamento temporal rigoroso dos seus sinais) ou modificando o nível de prioridade da mensagem (relativamente preferível).

Message Name   'X46'

Message ID   0x18FFXXXX

Raising the Priority of Message 'X46' → 0x0CFFXXXX

6.2 EXECUÇÃO DO TESTE 2 NO AUTOCARRO AMARELO REPARADO

Os quadros e gráficos seguintes resultam da re-execução da ferramenta CAN TOOL com o novo nível de prioridade modificado da mensagem X46 na rede de autocarros amarelos

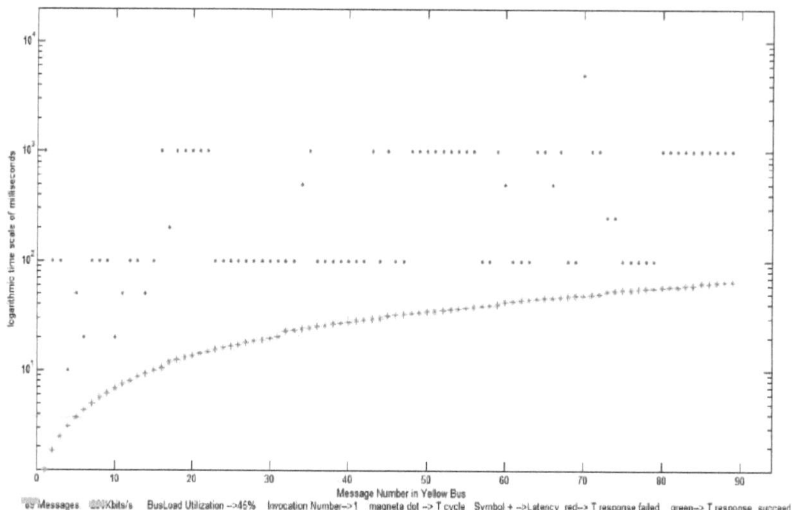

Figura 18 Tempo de resposta (Teste2) das mensagens do barramento amarelo Invocação 1 (o BP termina em 1st invocação)

6.2.1 Utilização da desagregação resultante & alfa

Bus	Bus Utilization	alpha	Breakdown Utilization
Yellow	46.62	1.50	69.9360

Tabela 3 Teste2 Resultados da utilização da desagregação & alfa

6.2.2 Discussão

Vimos no teste 1 que, apesar de a utilização do barramento amarelo ser relativamente baixa, veja-se a tabela 2 (cerca de 46%), é atingida a utilização de rutura e a rede de barramentos começa a introduzir latência. A utilização da ferramenta permitiu-nos visualizar e localizar a razão por detrás dessa rutura, que é uma mensagem crítica em tempo real chamada X46, que tem um ciclo rápido e uma prioridade relativamente baixa.

A ferramenta foi útil para reparar a referida avaria na rede, modificando quer o tempo de ciclo (não preferível devido ao comportamento temporal rigoroso dos seus sinais), quer modificando o nível de prioridade da mensagem (relativamente preferível).

6.3 ENSAIO DE REFERÊNCIA

O teste seguinte apresenta em pormenor os resultados da execução da ferramenta CAN, estimulando todas as mensagens possíveis do *veículo SCANIA T* no barramento vermelho com uma taxa de bits de barramento inferior a metade.

Nota: O objetivo deste teste é visualizar o tempo de resposta das mensagens do barramento vermelho quando a taxa de bits diminui para metade do seu valor, o tempo de resposta neste caso seria mais uma prova de quão longe a rede está do ponto de rutura.

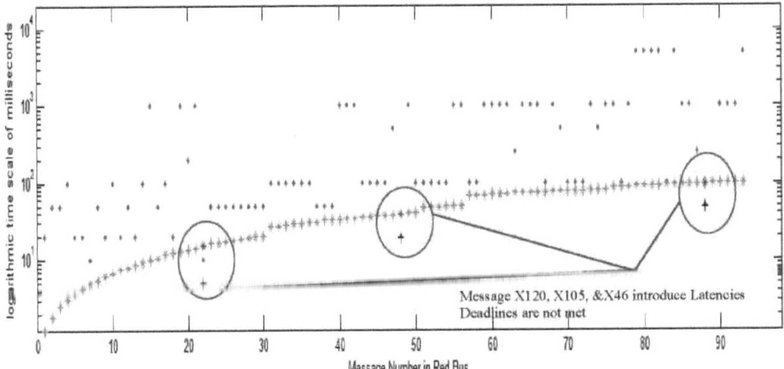

Figura 19 Tempo de resposta [Ref. Teste] das mensagens do barramento vermelho Invocação 1 [o BP termina em 2nd invocação]

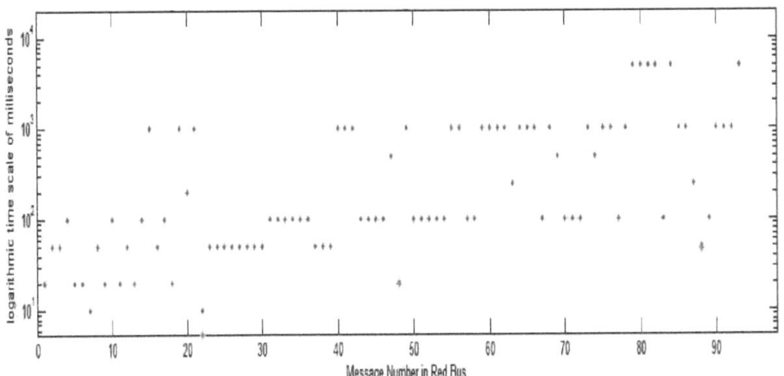

Figura 20 Tempo de resposta (teste de referência) das mensagens do barramento vermelho Invocação 2 O CBP termina em 2nd invocação)

6.3.1 Utilização da desagregação resultante & alfa

Bus	Bus Utilization	alpha	Breakdown Utilization
Red	68.58%	0.0	00.00

Tabela 4 Ref. Teste Resultado Utilização & alfa

35

Na figura 15, as 3 mensagens seguintes apresentam latências e requisitos de prazo que
não são cumpridos

Message (1) Name	**X120**
Message ID	CFFXXXX

6 sinais incorporados na mensagem são atrasados

Message (2) Name	**X105**
Message ID	18F0XXXX

6 sinais incorporados na mensagem são atrasados

Message (3) Name	**X46**
Message ID	18FFXXXX

22 sinais incorporados na mensagem são atrasados

6.3.2 Inferências de teste

As inferências deste teste mostram como a rede de barramentos se comportaria no caso de redução da sua taxa de bits para metade do valor (tabela 4 e figura 15), ou seja, mostra quais as mensagens mais críticas no que respeita à introdução de latências (a ferramenta produz tabelas completas de análise do tempo de resposta para todas as mensagens e redes de barramentos).

O teste ajuda a concentrar-se nessas mensagens falhadas para tentar modificar o seu nível de prioridade de modo a evitar que a rede de autocarros vermelhos entre em colapso.

CAPÍTULO 7

MODELAÇÃO DA CARGA DE DIAGNÓSTICO

7.1 MODELAÇÃO DA CARGA DAS MENSAGENS DE DIAGNÓSTICO DO KWP2000

Para o KWP2000, as mensagens de diagnóstico do protocolo de transporte ISO-15765-2, estamos a localizar um ciclo de servidor para cada ID de mensagem de diagnóstico, mas ainda é difícil calcular a sua carga exacta porque depende de quantos servidores pretendemos iniciar de cada vez e também de quantos comandos vamos ativar nesse momento. [8]

Na realidade, são iniciados, no mínimo, dois servidores de cada vez, que estão a enviar mensagens de vários pacotes com o protocolo de transporte [14], pelo que a sua carga pode ser:

2tp * 20 fr/s * 155 bit/fr * 4µs/bit = 0.0248 → = 2.48% extra load.

No pior dos casos, há um máximo de oito servidores no barramento vermelho, vinte servidores no barramento amarelo e treze servidores no barramento verde, iniciados em simultâneo, que estão a enviar mensagens de vários pacotes com o protocolo de transporte pelo que a sua carga pode ser modelada da seguinte forma

Na pior das hipóteses, carga extra no autocarro vermelho
8tp * 20 fr/s * 155 bit/fr * 2µs/bit = 0.0496

→ = 4.96%

Na pior das hipóteses, carga suplementar no autocarro amarelo

20tp * 20 fr/s * 155 bit/fr * 4µs/bit = 0.248

→ = 24.8%

Na pior das hipóteses, carga suplementar no autocarro verde

13tp * 20 fr/s * 155 bit/fr * 4µs/bit = 0.1612

→ = 16.12%

7.2 ANÁLISE DO TEMPO DE RESPOSTA AO INICIAR O PIOR CENÁRIO POSSÍVEL, COM SERVIDORES KWP2000

O TESTE seguinte apresenta em pormenor os resultados da execução da FERRAMENTA CAN, estimulando todas as mensagens possíveis do Veículo SCANIA T com o pior caso de carga de diagnóstico.

O objetivo deste teste é visualizar o tempo de resposta das mensagens CAN quando são iniciadas muitas mensagens/comandos de diagnóstico. Neste caso, o tempo de resposta permite-nos compreender melhor a distância entre a rede e o ponto de avaria, quando o veículo está a ser submetido a um diagnóstico.

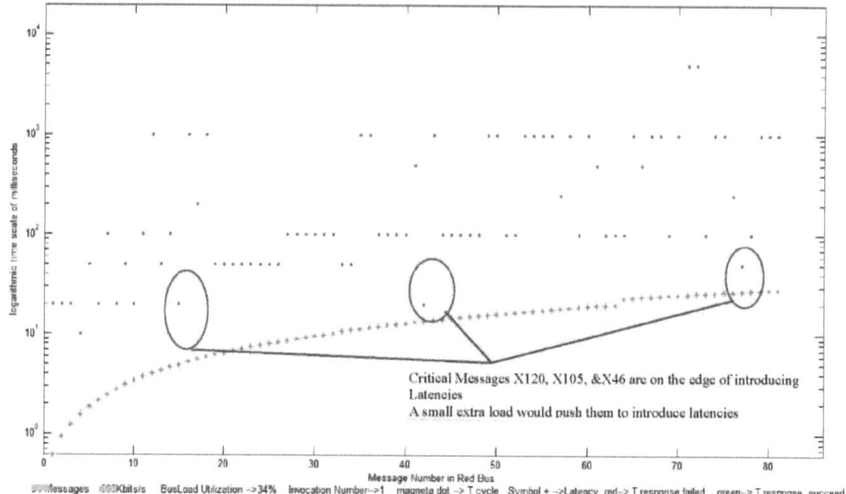

Figura 21 Tempo de resposta (teste de diagnóstico) das mensagens do barramento vermelho Invocação 1 (o BP termina em 1st invocação)

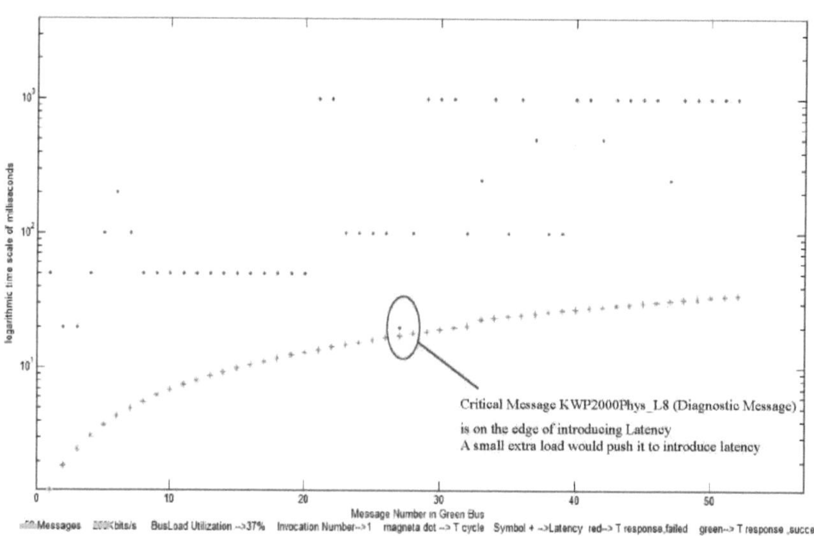

Figura   22Tempo de resposta   (teste de diagnóstico) das mensagens Green Bus Invocação 1 (o BP termina em 1st invocação)

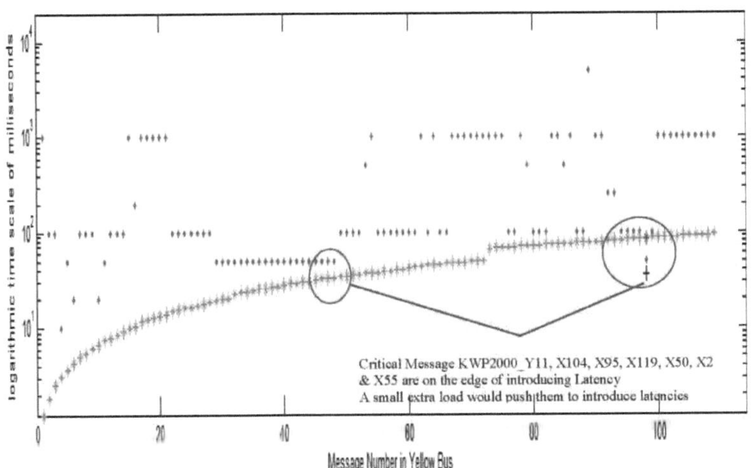

Figura   23Tempo de resposta   (teste de diagnóstico) das mensagens do barramento amarelo Invocação 1

(BP termina em 2nd invocação)

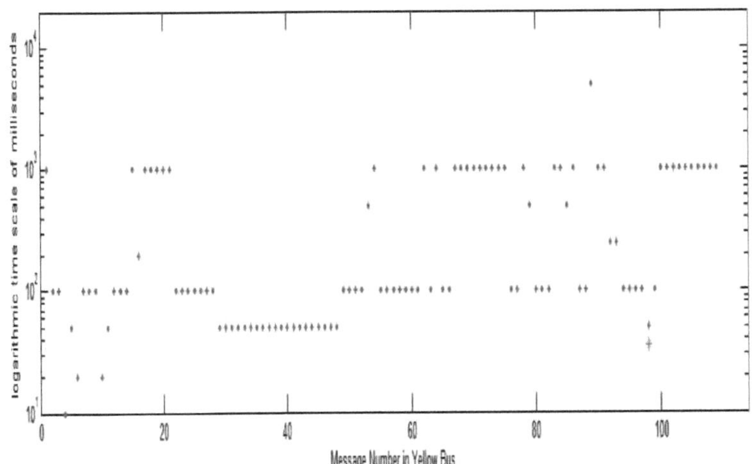

Figura 24 Tempo de resposta (teste de diagnóstico) das mensagens do barramento amarelo Invocação 2 (o BP termina em 2nd invocação)

7.2.1   Utilização e alfa do teste de diagnóstico

Bus	Bus Utilization	alpha	Breakdown Utilization
Red	39.25	1.30	51.0279
Yellow	71.42	0.00	0.0000
Green	36.89	1.20	44.2680

Tabela 5 Teste de diagnóstico, utilização e alfa da desagregação dos resultados

7.2.2   Discussão

Resposta do autocarro verde

Verificámos (figura 18 e tabela 5) que a seguinte mensagem de diagnóstico está no limite da introdução de latência; uma pequena carga extra levá-la-ia a introduzir latência, ver o valor alfa na tabela 5 que está próximo de 1.

- o **Message (1) Name**   KWP2000Phys_L8 (Diagnostic Message)

  Message ID   18DAXXXX

Resposta do autocarro amarelo

Descobrimos (figuras 19 e 20 e tabela 5) que as 7 mensagens seguintes estão no limite da introdução de latência; uma pequena carga extra levá-las-ia a introduzir latências.

Além disso, o X46 introduziria muito mais latência do que no TSET1

- o **Message Name**   X46

  Message ID   18FFXXXX

Essas sete mensagens são:

- o **Message (1) Name**   **KWP2000_Y11** (Diagnostic Message)

  Message ID   18DBXXXX

- o **Message (2) Name**   X104

  Message ID   18EBXXXX

- o **Message (3) Name**   X95

  Message ID   18FFXXXX

- o **Message (4) Name**   **X119**

  Message ID   18FFXXXX

- o **Message (5) Name**   **X50**

	Message ID	18FFXXXX
o	**Message (6) Name**	**X2**
	Message ID	18FFXXXX
o	**Message (7) Name**	**X55**
	Message ID	18FFXXXX

Red Bus Response

Descobrimos (figura 17 e tabela 5) que as 3 mensagens seguintes estão no limite da introdução de latência, uma pequena carga extra levá-las-ia a introduzir latências

o	**Message (1) Name**	X120
	Message ID	CFFXXXX
o	**Message (2) Name**	X105
	Message ID	18F0XXXX
o	**Message (3) Name**	X46
	Message ID	18FFXXXX

7.2.3 Inference

O teste ajudou-nos a localizar 11 mensagens que correm o risco de introduzir latências (ver figuras 17, 18 e 19) no caso de uma carga ligeira adicionada à rede (resultando num valor alfa próximo de 1, como na tabela 5 e comparar com a tabela 2), uma boa maneira de traduzir esta conclusão na realidade é modificar o nível de prioridade dessas 11 mensagens de modo a que fiquem localizadas longe dessa borda crítica.

CAPÍTULO 8

CONCLUSÕES

A ferramenta CAN desenvolvida nesta tese, que funciona como uma aplicação executável e se baseia no ambiente de programação MATLAB, provou a sua capacidade de modelar a carga do barramento para todas as combinações possíveis de redes de barramento Scania, UCE e mensagens (apresentando resultados <u>idênticos</u> a outros resultados medidos pelo departamento de ensaios da SCANIA).

A ferramenta conseguiu modelar e visualizar as latências das mensagens para cada invocação de mensagem durante todo um período ocupado.

A ferramenta é capaz de determinar e prever, com base em cálculos matemáticos, os pontos de avaria de uma dada rede de barramentos CAN, juntamente com alguns outros parâmetros de avaria. Na verdade, a ferramenta pode efetuar uma simulação para um grande número de mensagens e para vários barramentos em paralelo.

A ferramenta CAN é capaz de aceder às bases de dados Scania CAN para definir os atributos e parâmetros de todos os autocarros e mensagens, evitando estimulá-los manualmente para manter tudo a funcionar automaticamente.

A ferramenta CAN é construída com uma interface gráfica de utilizador como *interface homem-computador*. Uma das principais vantagens das GUIs é o facto de tornarem a operação do computador mais intuitiva.

A ferramenta CANTool é capaz de mapear diferentes ficheiros de registo do barramento CAN como resultado de testes com o CANalyzer, de modo a que a ferramenta se aprofunde nesses ficheiros de registo e procure todos os dados possíveis no seu interior para localizar e analisar todas as mensagens com o seu tempo de resposta e IDs reais, mesmo que esses ficheiros de registo contenham centenas de milhares de mensagens de registo, como o que utilizámos em Testi.

8.1 SUGESTÕES PARA TRABALHOS FUTUROS

Considero a ferramenta resultante desta tese como uma modelação preliminar para o desenvolvimento futuro de uma outra ferramenta para modelar múltiplas redes de comunicação de barramento de série no veículo num único *simulador* para monitorizar o comportamento de cada tráfego individual em diferentes combinações de veículos, modos de comunicação e parâmetros de conceção do tráfego.

REFERÊNCIAS

[1] *Controller Area Network (CAN) Schedulability Analysis: Refutada, Revisitada e Revisada*, Robert
I. Davis e Alan Burns Grupo de Investigação em Sistemas de Tempo Real, Universidade de York, Inglaterra

[2] *GARANTIA DE LATENCIOS DE MENSAGENS NA REDE DE ÁREA DE CONTROLO*, Ken Tindell & Alan Burns,
Grupo de Investigação de Sistemas em Tempo Real, Universidade de York, Reino Unido

[3] Kopetz, H., "*A Solution to an Automotive Control System Benchmark* "Technische Universitat Wien, relatório
de investigação 4/1994 (abril de 1994)

[4] M.G. Harbour, M.H. Klein, J.P. Lehoczky. "Fixed priority scheduling of periodic tasks with varying execution
priority" In 18 *Proceedings 12th IEEE Real-TimeSystemsSymposium*, pp. 116128, IEEE Computer Society Press,
dezembro de 1991

[5] J. Lehoczky. "Fixed priority scheduling of periodic task sets with arbitrary deadlines" (Programação de
prioridade fixa de conjuntos de tarefas periódicas com prazos arbitrários). In *Proceedings 11th IEEEReal-
TimeSystemsSymposium*, pp. 201-209, IEEE Computer Society Press, dezembro de 1990.

[6] Utilização do MathWork, http://www.mathworks.se/products/matlab/

[7] Modelação e Simulação de Sistemas Utilizando MATLAB e Simulink, por: Devendra K. Chaturvedi

[8] CAN Network Utilization, Busload calculations for SESAMIM - Red Bus, RESA09002 Documento interno da
Scania.

[9] Requisitos de comunicação de dados e unidades de controlo por Magnus Gustavsson, TB4262, documento
interno da Scania.

[10]Technical Product Data, BY Jonny Johansson, nr 1443613, documento interno da Scania.

[11] Sistema de Comunicação de Barramento CAN (Controller Area Network) Baseado em Matlab/Simulink,
Autor: Fang Li, Data de Edição : 12-14 Out. 2008,

[12] Avaliação e Comparação do Desempenho em Tempo Real, do CAN A.Albert, Gerth

[13] Vehicle data acquisition using CAN, por Henning Olsson, 8801 East Hampden Avenue Suite 210, Denver,
Colorado, 80231 USA

[14] Keyword Protocol 2000 KWP2000, SSF 14230, Norma de Implementação para Veículos Rodoviários -
Sistemas de Diagnóstico, Autor: L. Magnusson Mecel AB

[15] The Linux Information Project, GUI Definition, http://www.linfo.org.

[16] Camada física SAE J1939/11

[17] Application Oriented Performance Evaluation of Real-Time Systems Based on Modern Microprocessor
Architectures, Frank Golatowski, *Universidade de Rostock, Departamento de Engenharia Eléctrica, Instituto de
Microeletrónica Aplicada e Ciências da Computação*

APÊNDICE A INSTRUÇÕES SOBRE COMO UTILIZAR O SCANLA

(A ferramenta de análise de carga de barramento desenvolvida pode)

SCANLA é o nome da ferramenta de análise do barramento CAN desenvolvida, que é executada a partir
de uma aplicação executável e utiliza uma interface gráfica de utilizador como *interface homem-
computador.*

"

Esta ferramenta foi desenvolvida e espera-se que seja útil, mas sem qualquer garantia. Para uma descrição e instruções de utilização, leia atentamente esta ficha.

1-   INÍCIO DA APLICAÇÃO

Pode ser iniciado com um simples clique duplo em SCANLA.exe.

2-   OBTER A ENTRADA

A interface é estimulada com 28 entradas que variam entre taxa de bits, parâmetros de mensagem e nomes de ficheiros, incluindo três painéis para adicionar, remover ou modificar uma mensagem específica ou um conjunto de mensagens.

A entrada é constituída por:

1- O ficheiro de registo de dados é um ficheiro de registo resultante do teste com o CANalyzer que contém todos os registos possíveis de mensagens CAN nas redes (IDs de mensagens CAN + número do barramento) durante o período de teste e deve estar no formato de ficheiro xlsx.

2- Ficheiro de registo de diagnóstico é um ficheiro de registo que resulta de testes com o CANalyzer enquanto se iniciam todas as funções de diagnóstico possíveis, deve estar no formato de ficheiro xlsx.

3- O ficheiro de base de dados de rede é um ficheiro de base de dados que contém todas as mensagens CAN possíveis, juntamente com o seu nome, atributo, ID, nó de origem, campo de arbitragem e tipo de mensagem e ECU transmissora, este ficheiro é apresentado em formato xls.

4- A taxa de transmissão da rede é um menu pop-up que permite selecionar a taxa de transmissão de uma rede específica.

3-   SELECÇÃO DO MODO DE SIMULAÇÃO

São permitidos dois modos de simulação na ferramenta, incluindo:

1- O modo RESUME executa a simulação sem permitir qualquer interrupção durante a modelação
2- O modo STOP permite ao utilizador interromper a simulação, enquanto a ferramenta fica em espera, e o utilizador obtém todos os relatórios CAN TTR impressos em Excel numa pasta recém-criada, podendo adicionar, remover ou modificar qualquer atributo de mensagem que deseje e, em seguida, retomar a simulação e a modelação, alterando o modo de simulação para "Modo de retoma" no painel principal da ferramenta.

4- EXECUÇÃO DA FERRAMENTA DE ANÁLISE

Isto pode ser feito facilmente clicando no botão "RUN" e só depois de terminar os passos 1 e 2.

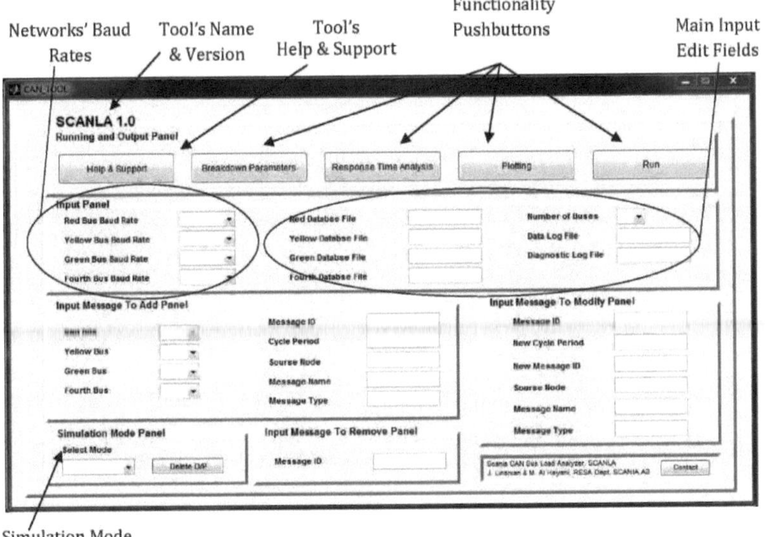

Instantâneo do SCANLA
O analisador de carga do bus CAN desenvolvido

5-   PRODUZIR A PRODUÇÃO

Ver a figura da Interface da ferramenta; existem sete <u>botões de pressão</u> na Interface:

> O primeiro e principal botão (RUN) destina-se a executar a modelação e a solução matemática como primeira fase da nossa ferramenta (o segundo, terceiro e quarto botões só são permitidos depois de terminar o RUN).

> O segundo botão (Plotting) permite traçar modelos para cada barramento em **ficheiros bmp**

> O terceiro botão (Parâmetros de desagregação) permite produzir um **ficheiro xis** com o nome 'Breakdown.xls' que contém uma análise de desagregação de todos os barramentos testados.

> O quarto botão (Análise do tempo de resposta) consiste em produzir um **ficheiro xis** denominado "ResponseTime.xls" que contém quadros de análise do tempo de resposta de todas as mensagens de cada uma das redes de autocarros visadas.

> O quinto botão (Ajuda e suporte), ao clicar neste botão, mostra uma lista de tópicos para obter ajuda sobre cada um deles, selecionando com o rato.

> O sexto botão (Eliminar O/P) permite eliminar os ficheiros Excel TTR xls produzidos, o ficheiro txt Breakdown, o ficheiro txt de análise do tempo de resposta e os ficheiros bmp do gráfico.

> O sétimo botão (Contacto), ao clicar neste botão, mostra os dados de contacto dos produtores.

Observe que para cada execução de simulação, um **número único de** simulação automática **e data** são carimbados para fins de arquivamento.

SCANLA é o nome da ferramenta de análise do barramento CAN desenvolvida nesta tese, que funciona como uma aplicação executável e utiliza uma interface gráfica de utilizador como *interface homem-computador*.

Por favor, informe os produtores da ferramenta mencionada sobre quaisquer melhorias, alterações ou modificações que possam ser feitas. <musab alhidithy@yahoo.com>

SCANIA T VEHICLE Autocarro vermelho Tráfego

Message Name	Message ID	Cycle (ms)	Type
X126	8FEXXXX	20	Cyclic
X12	C00XXXX	50	ExActive
X19	C00XXXX	50	ExActive
X3	C00XXXX	100	ExActive
X74	C04XXXX	20	ExActive
X78	C04XXXX	20	ExActive
X18	CF0XXXX	10	Cyclic
X22	CF0XXXX	50	Cyclic
X31	CF0XXXX	20	Cyclic
X11	CFEXXXX	100	Cyclic
X44	CFFXXXX	20	Cyclic
X98	CFFXXXX	50	Cyclic
X38	CFFXXXX	20	Cyclic
X53	CFFXXXX	100	Cyclic
X70	CFFXXXX	1000	NoMsgSendType
X56	CFFXXXX	50	Cyclic
X81	CFFXXXX	100	Cyclic
X89	CFFXXXX	20	Cyclic
X5	CFFXXXX	1000	Cyclic
X1	CFFXXXX	200	Cyclic
X47	CFFXXXX	1000	Cyclic
X120	CFFXXXX	10	ExActive
X34	18E4XXXX	100	Cyclic
X60	18E4XXXX	100	Cyclic
X27	18E4XXXX	100	Cyclic
X121	18E4XXXX	100	Cyclic
X66	18E4XXXX	100	Cyclic
X41	18E5XXXX	100	Cyclic
X104	18E8XXXX	50	NoMsgSendType
X92	18EB XXXX	50	NoMsgSendType
X30	18EB XXXX	50	NoMsgSendType
X4	18EC XXXX	1000	ExActive
X118	18EC XXXX	1000	ExActive
X20	18EC XXXX	1000	ExActive
X15	18F0XXXX	100	Cyclic
X23	18F0 XXXX	100	Cyclic
X21	18F0XXXX	100	Cyclic
X68	18F0XXXX	100	Cyclic
X75	18F0XXXX	500	Cyclic
X105	18F0XXXX	20	Cyclic
X91	18FDXXXX	1000	Cyclic
X6	18FDXXXX	100	Cyclic
X24	18FFXXXX	100	Cyclic
X87	18FFXXXX	100	Cyclic
X16	18FF XXXX	100	Cyclic
X83	18FF XXXX	100	Cyclic
X93	18FF XXXX	1000	Cyclic
X94	18FE XXXX	1000	Cyclic
X8	18FE XXXX	100	Cyclic
X57	18FE XXXX	100	Cyclic
X35	18FE XXXX	1000	Cyclic
X88	18FE XXXX	1000	Cyclic
X61	18FE XXXX	1000	Cyclic
X9	18FE XXXX	1000	Cyclic
X42	18FE XXXX	250	Cyclic
X10	18FE XXXX	1000	Cyclic
X65	18FE XXXX	1000	Cyclic
X36	18FE XXXX	1000	Cyclic
X13	18FEXXXX	100	Cyclic
X103	18FEXXXX	1000	Cyclic
X101	18FEXXXX	500	Cyclic
X43	18FEXXXX	100	Cyclic
X90	18FE XXXX	100	Cyclic
X62	18FE XXXX	100	Cyclic
X14	18FE XXXX	1000	Cyclic
X79	18FFXXXX	500	Cyclic
X17	18FFXXXX	1000	Cyclic
X30	18FFXXXX	1000	Cyclic
X59	18FFXXXX	100	Cyclic
X25	18FFXXXX	1000	Cyclic
X43	18FFXXXX	5000	Cyclic
X100	18FFXXXX	5000	Cyclic
X51	18FFXXXX	5000	Cyclic
X102	18FFXXXX	5000	Cyclic
X20	18FFXXXX	100	Cyclic
X67	18FFXXXX	5000	Cyclic
X59	18FFXXXX	1000	Cyclic
X28	18FFXXXX	1000	Cyclic
X97	18FFXXXX	250	Cyclic
X46	18FFXXXX	50	Cyclic
X55	18FFXXXX	100	Cyclic
X29	18FFXXXX	1000	Cyclic
X32	18FFXXXX	1000	Cyclic
X48	18FFXXXX	1000	Cyclic
X64	1CFEXXXX	5000	Cyclic

SCANIA T VEHICLE Autocarro amarelo Tráfego

Message Name	Message ID	Cycle ms	Type
X40	1FXXXX	1000	Cyclic
X90	CD1XXXX	100	IfActive
X99	CD2XXXX	100	Cyclic
X18	CF0XXXX	10	Cyclic
X22	C70XXXX	50	Cyclic
X31	CF0XXXX	20	Cyclic
X11	CFFXXXX	100	Cyclic
X52	CFFXXXX	100	Cyclic
X72	CFFXXXX	100	Cyclic
X44	CFFXXXX	20	Cyclic
X98	CFFXXXX	50	Cyclic
X33	CFFXXXX	100	Cyclic
X53	CFFXXXX	100	Cyclic
X84	CFFXXXX	100	Cyclic
X5	CFFXXXX	1000	Cyclic
X1	CFFXXXX	200	Cyclic
X47	CFFXXXX	1000	Cyclic
X80	CFFXXXX	1000	Cyclic
X37	CFFXXXX	1000	Cyclic
X76	CFFXXXX	1000	Cyclic
X54	CFFXXXX	1000	Cyclic
X86	CFFXXXX	100	Cyclic
X63	CFFXXXX	100	Cyclic
X77	CFFXXXX	100	Cyclic
X85	CFFXXXX	100	Cyclic
X82	10FFXXXX	100	Cyclic
X69	10FFXXXX	100	Cyclic
X71	18D0XXXX	100	Cyclic
X41	18E5XXXX	100	Cyclic
X104	18E8XXXX	50	NoMsgSendType
X4	18F-CXXXX	1000	IfActive
X15	18F0XXXX	100	Cyclic
X71	18F0XXXX	100	Cyclic
X68	18F0XXXX	100	Cyclic
X75	18F0XXXX	500	Cyclic
X91	18FDXXXX	1000	Cyclic
X6	18FDXXXX	100	Cyclic
X24	18F1XXXX	100	Cyclic
X87	18FEXXXX	100	Cyclic
X73	18FEXXXX	100	Cyclic
X106	18FEXXXX	100	Cyclic
X16	18FEXXXX	100	Cyclic
X83	18FEXXXX	100	Cyclic
X93	18FEXXXX	1000	Cyclic
X109	18FEXXXX	100	Cyclic
X94	18FEXXXX	1000	Cyclic
X8	18FEXXXX	100	Cyclic
X57	18FEXXXX	100	Cyclic
X35	18FEXXXX	1000	Cyclic
X88	18FEXXXX	1000	Cyclic
X61	18FEXXXX	1000	Cyclic
X9	18FEXXXX	1000	Cyclic
X112	18FEXXXX	1000	Cyclic
X107	18FEXXXX	1000	Cyclic
X111	18FEXXXX	1000	Cyclic
X81	18FEXXXX	1000	Cyclic
X10	18FEXXXX	1000	Cyclic
X65	18FEXXXX	1000	Cyclic
X108	18FEXXXX	1000	Cyclic
X36	18FEXXXX	1000	Cyclic
X119	18FEXXXX	100	Cyclic
X13	18FEXXXX	100	Cyclic
X103	18FEXXXX	1000	Cyclic
X115	18FEXXXX	500	Cyclic
X43	18FEXXXX	100	Cyclic
X119	18FEXXXX	100	Cyclic
X62	18FEXXXX	100	Cyclic
X117	18FEXXXX	1000	Cyclic
X14	18FEXXXX	1000	Cyclic
X79	18FEXXXX	500	Cyclic
X39	18FEXXXX	1000	Cyclic
X58	18FEXXXX	100	Cyclic
X115	18FFXXXX	100	Cyclic
X45	18FFXXXX	5000	Cyclic
X118	18FFXXXX	5000	Cyclic
X114	18FFXXXX	5000	Cyclic
X116	18FFXXXX	5000	Cyclic
X59	18FFXXXX	1000	Cyclic
X28	18FFXXXX	1000	Cyclic
X97	18FFXXXX	250	Cyclic
X117	18FFXXXX	250	Cyclic
X96	18FFXXXX	100	Cyclic
X119	18FFXXXX	100	Cyclic
X50	18FFXXXX	100	Cyclic
X2	18FFXXXX	100	Cyclic
X46	18FFXXXX	50	Cyclic
X55	18FFXXXX	100	Cyclic
X29	18FFXXXX	1000	Cyclic
X122	18FFXXXX	1000	Cyclic

X32	18FFXXXX	1000	Cyclic
X123	18FFXXXX	1000	Cyclic
X129	18FFXXXX	1000	Cyclic
X124	18FFXXXX	1000	Cyclic
X48	18FFXXXX	1000	Cyclic
X128	18FFXXXX	1000	Cyclic
X125	1CDEXXXX	1000	Cyclic
X64	1CFEXXXX	5000	Cyclic
X7	1CFFXXXX	1000	Cyclic
X127	1CFFXXXX	1000	Cyclic
X130	1CFFXXXX	1000	Cyclic
X137	1CFFXXXX	1000	Cyclic

SCANIA T VEHICLE Autocarro verde Tráfego

Message Name	Message ID	Cycle ms	Type
X22	CF0XXXX	50	Cyclic
X31	CF0XXXX	20	Cyclic
X44	CFEXXXX	20	Cyclic
X98	CFFAAAA	50	Cyclic
X84	CFFXXXX	100	Cyclic
X1	CFFXXXX	200	Cyclic
X71	18D0XXXX	100	Cyclic
X133	18E0XXXX	1000	Cyclic
X136	18E0XXXX	1000	Cyclic
X15	18F0XXXX	100	Cyclic
X23	18F0XXXX	100	Cyclic
X21	18F0XXXX	100	Cyclic
X68	18F0XXXX	100	Cyclic
X105	18F0XXXX	20	Cyclic
X6	18FDXXXX	100	Cyclic
X132	18FDXXXX	1000	Cyclic
X93	18FEXXXX	1000	Cyclic
X94	18FEXXXX	1000	Cyclic
X57	18FEXXXX	100	Cyclic
X42	18FEXXXX	250	Cyclic
X36	18FEXXXX	1000	Cyclic
X110	18FFXXXX	100	Cyclic
X103	18FEXXXX	1000	Cyclic
X115	18FEXXXX	500	Cyclic
X43	18FEXXXX	100	Cyclic
X62	18FEXXXX	100	Cyclic
X135	18FEXXXX	1000	Cyclic
X14	18FEXXXX	1000	Cyclic
X79	18FEXXXX	500	Cyclic
X39	18FFXXXX	1000	Cyclic
X131	18FFXXXX	1000	Cyclic
X134	18FFXXXX	1000	Cyclic
X28	18FFXXXX	1000	Cyclic
X97	18FFXXXX	250	Cyclic
X122	18FFXXXX	1000	Cyclic
X32	18FFXXXX	1000	Cyclic
X123	18FFXXXX	1000	Cyclic
X129	18FFXXXX	1000	Cyclic

ANÁLISE DE TEMPO DO VEÍCULO SCANIA T AUTOCARRO VERMELHO

Message Name	Message ID	Cycle ms	Type	Total Message Inv. During BP	Response Time R1 ms	Response Time R2 ms
X126	8FEXXXX	20	Cyclic	1	0,60	0
X12	C00XXXX	50	IfActive	1	0,90	0
X19	C00XXXX	50	IfActive	1	1,20	0
X3	C00XXXX	100	IfActive	1	1,60	0
X74	C04XXXX	20	IfActive	1	1,90	0
X78	C04XXXX	20	IfActive	1	2,20	0
X18	CF0XXXX	10	Cyclic	1	2,50	0
X22	CF0XXXX	50	Cyclic	1	2,80	0
X31	CF0XXXX	20	Cyclic	1	3,10	0
X11	CFEXXXX	100	Cyclic	1	3,40	0
X44	CFFXXXX	20	Cyclic	1	3,70	0
X80	CFFXXXX	50	Cyclic	1	4,00	0
X38	CFFXXXX	20	Cyclic	1	4,30	0
X53	CFFXXXX	100	Cyclic	1	4,60	0
X70	CFFXXXX	1000	NoMsgSendType	1	5,00	0
X56	CFFXXXX	50	Cyclic	1	5,30	0
X84	CFFXXXX	100	Cyclic	1	5,60	0
X89	CFFXXXX	20	Cyclic	1	5,90	0
X5	CFFXXXX	1000	Cyclic	1	6,20	0
X1	CFFXXXX	200	Cyclic	1	6,50	0
X47	CFFXXXX	1000	Cyclic	1	6,80	0
X120	CFFXXXX	10	IfActive	1	7,10	0
X34	18E4XXXX	100	Cyclic	1	7,40	0
X60	18E4XXXX	100	Cyclic	1	7,70	0
X27	18E4XXXX	100	Cyclic	1	8,10	0
X121	18E4XXXX	100	Cyclic	1	8,40	0
X66	18E4XXXX	100	Cyclic	1	8,70	0
X41	18E5XXXX	100	Cyclic	1	9,00	0
X104	18EBXXXX	50	NoMsgSendType	1	9,30	0
X102	18EBXXXX	50	NoMsgSendType	1	9,60	0
X30	18EBXXXX	50	NoMsgSendType	1	9,90	0
X4	18ECXXXX	1000	IfActive	1	10,20	0
X118	18ECXXXX	1000	IfActive	1	11,20	0
X20	18ECXXXX	1000	IfActive	1	11,50	0
X15	18F0XXXX	100	Cyclic	1	11,80	0
X23	18F0XXXX	100	Cyclic	1	12,10	0
X21	18F0XXXX	100	Cyclic	1	12,40	0
X68	18F0XXXX	100	Cyclic	1	12,70	0
X75	18F0XXXX	500	Cyclic	1	13,00	0
X105	18F0XXXX	20	Cyclic	1	13,30	0
X91	18FDXXXX	1000	Cyclic	1	13,60	0
X6	18FDXXXX	100	Cyclic	1	14,00	0
X24	18FEXXXX	100	Cyclic	1	14,30	0
X87	18FEXXXX	100	Cyclic	1	14,60	0
X16	18FEXXXX	100	Cyclic	1	14,90	0
X83	18FEXXXX	100	Cyclic	1	15,20	0
X93	18FEXXXX	1000	Cyclic	1	15,50	0
X94	18FEXXXX	1000	Cyclic	1	15,80	0
X8	18FEXXXX	100	Cyclic	1	16,10	0
X57	18FEXXXX	100	Cyclic	1	16,40	0
X35	18FFXXXX	1000	Cyclic	1	16,70	0
X88	18FEXXXX	1000	Cyclic	1	17,10	0
X61	18FEXXXX	1000	Cyclic	1	17,40	0
X9	18FEXXXX	1000	Cyclic	1	17,70	0
X42	18FEXXXX	250	Cyclic	1	18,00	0
X10	18FEXXXX	1000	Cyclic	1	18,30	0
X65	18FEXXXX	1000	Cyclic	1	18,60	0
X36	18FEXXXX	1000	Cyclic	1	18,90	0
X13	18FFXXXX	100	Cyclic	1	19,20	0
X103	18FEXXXX	1000	Cyclic	1	19,50	0
X101	18FEXXXX	500	Cyclic	1	19,80	0
X43	18FEXXXX	100	Cyclic	1	20,10	0
X96	18FFXXXX	100	Cyclic	1	73,60	0
X62	18FFXXXX	100	Cyclic	1	23,90	0
X14	18FFXXXX	1000	Cyclic	1	24,20	0
X79	18FFXXXX	500	Cyclic	1	24,50	0
X17	18FFXXXX	1000	Cyclic	1	24,80	0
X39	18FFXXXX	1000	Cyclic	1	25,10	0
X58	18FFXXXX	100	Cyclic	1	25,40	0
X25	18FFXXXX	1000	Cyclic	1	25,70	0
X45	18FFXXXX	5000	Cyclic	1	26,00	0
X106	18FFXXXX	5000	Cyclic	1	26,30	0
X51	18FFXXXX	5000	Cyclic	1	26,70	0
X102	18FFXXXX	5000	Cyclic	1	27,00	0
X26	18FFXXXX	100	Cyclic	1	27,30	0
X67	18FFXXXX	5000	Cyclic	1	27,60	0
X59	18FFXXXX	1000	Cyclic	1	27,90	0
X28	18FFXXXX	1000	Cyclic	1	28,20	0
X97	18FFXXXX	250	Cyclic	1	28,50	0
X46	18FFXXXX	50	Cyclic	1	28,80	0
X55	18FFXXXX	100	Cyclic	1	29,10	0
X29	18FFXXXX	1000	Cyclic	1	29,40	0
X32	18FFXXXX	1000	Cyclic	1	29,80	0
X48	18FFXXXX	1000	Cyclic	1	30,10	0
X64	1CFEXXXX	5000	Cyclic	1	31,00	0

ANÁLISE DE TEMPO DO VEÍCULO SCANIA T AUTOCARRO AMARELO

Message Name	Message ID	Cycle ms	Type	Total Message inv. During BP	Response Time R1 ms	Response Time R2 ms
X40	FFXXXX	1000	Cyclic	1	1,20	0
X90	CD1XXXX	100	IfActive	1	1,90	0
X99	CD2XXXX	100	Cyclic	1	2,50	0
X18	CF0XXXX	10	Cyclic	1	3,10	0
X22	CF0XXXX	50	Cyclic	1	3,70	0
X31	CF0XXXX	20	Cyclic	1	4,30	0
X11	CFEXXXX	100	Cyclic	1	5,00	0
X52	CFFXXXX	100	Cyclic	1	5,60	0
X72	CFFXXXX	100	Cyclic	1	6,20	0
X44	CFFXXXX	20	Cyclic	1	6,80	0
X08	CFFXXXX	50	Cyclic	1	7,40	0
X33	CFFXXXX	100	Cyclic	1	8,10	0
X53	CFFXXXX	100	Cyclic	1	8,70	0
X84	CFFXXXX	100	Cyclic	1	9,30	0
X5	CFFXXXX	1000	Cyclic	1	9,90	0
X1	CFFXXXX	200	Cyclic	1	10,50	0
X47	CFFXXXX	1000	Cyclic	1	11,80	0
X80	CFFXXXX	1000	Cyclic	1	12,40	0
X37	CFFXXXX	1000	Cyclic	1	13,00	0
X76	CFFXXXX	1000	Cyclic	1	13,60	0
X54	CFFXXXX	1000	Cyclic	1	14,30	0
X86	CFFXXXX	100	Cyclic	1	14,90	0
X63	CFFXXXX	100	Cyclic	1	15,50	0
X77	CFFXXXX	100	Cyclic	1	16,10	0
X85	CFFXXXX	100	Cyclic	1	16,70	0
[illegible]	10FFXXXX	100	Cyclic	1	17,40	0
X69	10FFXXXX	100	Cyclic	1	18,00	0
X71	18D0XXXX	100	Cyclic	1	18,60	0
X41	18E5XXXX	100	Cyclic	1	19,20	0
X104	18E8XXXX	50	NoMsgSendType	1	19,80	0
X4	18ECXXXX	1000	IdActive	1	20,50	0
X15	18F0XXXX	100	Cyclic	1	22,90	0
X21	18F0XXXX	100	Cyclic	1	23,60	0
X68	18F0XXXX	100	Cyclic	1	24,20	0
X75	18F0XXXX	500	Cyclic	1	24,80	0
X91	18FDXXXX	1000	Cyclic	1	25,40	0
X6	18FDXXXX	100	Cyclic	1	26,00	0
X24	18FEXXXX	100	Cyclic	1	26,70	0
X87	18FEXXXX	100	Cyclic	1	27,30	0
X73	18FEXXXX	100	Cyclic	1	27,90	0
X106	18FEXXXX	100	Cyclic	1	28,50	0
X16	18FEXXXX	100	Cyclic	1	29,10	0
X83	18FEXXXX	100	Cyclic	1	29,80	0
X93	18FEXXXX	1000	Cyclic	1	30,40	0
X109	18FEXXXX	100	Cyclic	1	31,60	0
X94	18FEXXXX	1000	Cyclic	1	32,20	0
X8	18FEXXXX	100	Cyclic	1	32,90	0
X57	18FEXXXX	100	Cyclic	1	33,50	0
X35	18FEXXXX	1000	Cyclic	1	34,10	0
X88	18FEXXXX	1000	Cyclic	1	34,70	0
X61	18FEXXXX	1000	Cyclic	1	35,30	0
X9	18FEXXXX	1000	Cyclic	1	36,00	0
X112	18FEXXXX	1000	Cyclic	1	36,60	0
X107	18FEXXXX	1000	Cyclic	1	37,20	0
X111	18FEXXXX	1000	Cyclic	1	37,80	0
X81	18FEXXXX	1000	Cyclic	1	38,40	0
X10	18FEXXXX	1000	Cyclic	1	39,10	0
X65	18FEXXXX	1000	Cyclic	1	39,70	0
X108	18FEXXXX	1000	Cyclic	1	40,30	0
X36	18FEXXXX	1000	Cyclic	1	42,80	0
X110	18FEXXXX	100	Cyclic	1	43,40	0
X13	18FFXXXX	100	Cyclic	1	44,00	0
X103	18FEXXXX	1000	Cyclic	1	44,60	0
X115	18FEXXXX	500	Cyclic	1	45,30	0
X43	18FEXXXX	100	Cyclic	1	45,90	0
X119	18FFXXXX	100	Cyclic	1	46,50	0
X62	18FFXXXX	100	Cyclic	1	47,10	0
X117	18FEXXXX	1000	Cyclic	1	47,70	0
X14	18FEXXXX	1000	Cyclic	1	48,40	0
X79	18FEXXXX	500	Cyclic	1	49,00	0
X39	18FEXXXX	1000	Cyclic	1	49,60	0
X58	18FFXXXX	100	Cyclic	1	50,20	0
X115	18FFXXXX	100	Cyclic	1	53,30	0
X45	18FFXXXX	5000	Cyclic	1	53,90	0
X118	18FFXXXX	5000	Cyclic	1	54,60	0
X114	18FFXXXX	5000	Cyclic	1	55,20	0
X116	18FFXXXX	5000	Cyclic	1	55,80	0
X59	18FFXXXX	1000	Cyclic	1	56,40	0
X28	18FFXXXX	1000	Cyclic	1	57,00	0
X97	18FFXXXX	250	Cyclic	1	57,70	0
X117	18FFXXXX	250	Cyclic	1	58,30	0
X95	18FFXXXX	100	Cyclic	1	58,90	0
X119	18FFXXXX	100	Cyclic	1	59,50	0
X50	18FFXXXX	100	Cyclic	1	60,10	0
X2	18FFXXXX	100	Cyclic	1	62,60	0
X46	18FFXXXX	50	Cyclic	2	63,20	13,90
X55	18FFXXXX	100	Cyclic	1	64,50	0
X29	18FFXXXX	1000	Cyclic	1	65,10	0
X122	18FFXXXX	1000	Cyclic	1	65,70	0

Message Name	Message ID	Cycle ms	Type	Total Message inv. During BP	Response Time R1 ms	Response Time R2 ms
X32	18FFXXXX	1000	Cyclic	1	66,30	0
X123	18FFXXXX	1000	Cyclic	1	67,00	0
X129	18FFXXXX	1000	Cyclic	1	67,60	0
X124	18FFXXXX	1000	Cyclic	1	68,20	0
X48	18FFXXXX	1000	Cyclic	1	68,80	0
X128	18FFXXXX	1000	Cyclic	1	69,40	0
X125	1CDEXXXX	1000	Cyclic	1	70,10	0
X64	1CFEXXXX	5000	Cyclic	1	71,30	0
X7	1CFFXXXX	1000	Cyclic	1	71,90	0
X127	1CFFXXXX	1000	Cyclic	1	72,50	0
X130	1CFFXXXX	1000	Cyclic	1	73,20	0
X137	1CFFXXXX	1000	Cyclic	1	73,80	0

ANÁLISE DE TEMPO DO VEÍCULO SCANIA T GREEN BUS

Message Name	Message ID	Cycle ms	Type	Total Message inv. During BP	Response Time R1 ms	Response Time R2 ms
X22	CF0XXXX	50	Cyclic	1	1,20	0
X31	CF0XXXX	20	Cyclic	1	1,90	0
X44	CFEXXXX	20	Cyclic	1	2,50	0
X90	CFFXXXX	50	Cyclic	1	3,10	0
X84	CFFXXXX	100	Cyclic	1	3,70	0
X1	CFFXXXX	200	Cyclic	1	4,30	0
X71	18D0XXXX	100	Cyclic	1	5,00	0
X133	18E0XXXX	1000	Cyclic	1	5,60	0
X136	18E0XXXX	1000	Cyclic	1	6,20	0
X15	18F0XXXX	100	Cyclic	1	6,80	0
X23	18F0XXXX	100	Cyclic	1	7,40	0
X21	18F0XXXX	100	Cyclic	1	8,10	0
X68	18F0XXXX	100	Cyclic	1	8,70	0
X105	18F0XXXX	20	Cyclic	1	9,30	0
X6	18FDXXXX	100	Cyclic	1	9,90	0
X132	18FDXXXX	1000	Cyclic	1	10,50	0
X93	18FEXXXX	1000	Cyclic	1	11,20	0
X94	18FFXXXX	1000	Cyclic	1	11,80	0
X57	18FEXXXX	100	Cyclic	1	12,40	0
X42	18FEXXXX	250	Cyclic	1	13,00	0
X36	18FEXXXX	1000	Cyclic	1	13,60	0
X110	18FEXXXX	100	Cyclic	1	14,30	0
X103	18FEXXXX	1000	Cyclic	1	14,90	0
X115	18FEXXXX	500	Cyclic	1	15,50	0
X43	18FEXXXX	100	Cyclic	1	16,10	0
X62	18FEXXXX	100	Cyclic	1	16,70	0
X135	18FEXXXX	1000	Cyclic	1	17,40	0
X14	18FEXXXX	1000	Cyclic	1	18,00	0
X79	18FEXXXX	500	Cyclic	1	18,60	0
X39	18FFXXXX	1000	Cyclic	1	19,20	0
X131	18FFXXXX	1000	Cyclic	1	19,80	0
X134	18FFXXXX	1000	Cyclic	1	20,50	0
X28	18FFXXXX	1000	Cyclic	1	22,00	0
X97	18FFXXXX	250	Cyclic	1	23,60	0
X122	18FFXXXX	1000	Cyclic	1	24,20	0
X32	18FFXXXX	1000	Cyclic	1	24,80	0
X123	18FFXXXX	1000	Cyclic	1	25,40	0
X129	18FFXXXX	1000	Cyclic	1	26,00	0

Printed by Books on Demand GmbH, Norderstedt / Germany